1550 — 2020

謹以此書紀念東林學派領袖
顧端文公誕辰四百七十周年

顧端文公元卷遺蹟

南京中國科舉博物館

远方出版社

图书在版编目（CIP）数据

顾端文公元卷遗迹 / 南京中国科举博物馆编. -- 呼和浩特 : 远方出版社, 2021.10
ISBN 978-7-5555-1618-7

Ⅰ. ①顾… Ⅱ. ①南… Ⅲ. ①顾宪成（1550-1612）—真迹 Ⅳ. ①K827=48②G256.2

中国版本图书馆 CIP 数据核字(2021)第 193313 号

顾端文公元卷遗迹
GU DUANWENGONG YUANJUAN YIJI

编　　者 南京中国科举博物馆
责任编辑 云高娃　敖尔格勒玛
责任校对 云高娃　敖尔格勒玛
封面设计 潘雨薇
出版发行 远方出版社
社　　址 呼和浩特市乌兰察布东路 666 号　邮编 010010
电　　话 （0471）2236473 总编室　2236460 发行部
经　　销 新华书店
印　　刷 南京百花彩色印刷广告制作有限责任公司
开　　本 210mm×285mm　1/16
字　　数 100 千
印　　张 9.625
版　　次 2021 年 10 月第 1 版
印　　次 2021 年 10 月第 1 次印刷
标准书号 ISBN 978-7-5555-1618-7
定　　价 80.00 元

編委會

主編：冯家红

副主編：尹磊 吴怡 陶露 施慧敏

編委：姜琴琴 周欣 周海燕 王晓璐 林莉 汪俊涛
顾蓓蓓 王晓梦 丁婷 王凡 吉益乐 严得秋

輯錄：顾定安

說明

顧憲成(一五五〇—一六一二)，字叔時，號涇陽，因重修恢復東林書院而被人尊稱『東林先生』。明代思想家，東林領袖。明萬曆四年(一五七六)舉鄉試，中第一名，稱解元。八年(一五八〇)中進士，曾任户部主事等職。崇禎二年(一六二九)誥贈吏部右侍郎，謚端文。

『元卷遺蹟』為端文公參加應天府鄉試時第一、第二場的試卷草稿及部分正文真蹟，由其曾孫梁汾公(一六三七—一七一四)裝潢成冊，輾轉傳承於世，一九五七年由十世孫顧寶琛先生(一八八〇—一九六〇)捐贈給江蘇省博物館，現珍藏於中國國家博物館。

顧憲成是明末東林學派領袖，文章氣節稱頌一時，故其鄉試墨卷真蹟格外受到後人的珍視與尊重。自清康熙中期始，歷乾嘉，直至民國，數百年來，對『元卷遺蹟』拜觀和題跋者絡繹不絕，先後有清裕親王福全、魏裔介、王隲、何焯、阮元、李天馥、康有為、梁啟超、蔡元培、錢振鍠等近二百人留下墨蹟和印章。

中國國家博物館館藏的顧端文公墨卷真蹟題名《顧憲成試卷稿冊》，包首有夏同龢楷書簽題『顧端文公元卷遺蹟』，內容包括顧憲成鄉試墨卷和後人的跋語及觀款。一九五七年顧寶琛先生據此原件用珂羅版印刷綫裝本二十冊，封面有劉春霖書簽。

本圖冊根據一九五七年版綫裝本影印剪輯而成，增加附錄為顧憲成世系圖，由無錫顧氏涇里支宗譜續修委員會供稿。

端文公十二世孫顧定安

二〇二〇年八月八日

前言

顧端文公，即顧憲成（一五五〇—一六一二），字叔時，號涇陽，江蘇無錫人，明末思想家。萬歷四年（一五七六）鄉試第一名，萬歷八年（一五八〇）殿試二甲第二名進士。曾任户部主事、吏部主事等職。顧憲成在朝爲官之際，因多次上疏申辯，被責備而貶謫。後因提名内閣首輔之事觸怒神宗皇帝，被削去官職，遣送返鄉。返鄉後從事講學活動，同胞弟顧允成等人共同維修東林書院，并在此講學，被尊稱爲『東林先生』。顧憲成講學之餘宣傳自己的政治主張，譏諷朝政，爲日後東林黨派遭鎮壓埋下禍根。萬歷四十年（一六一二）在家中逝世，贈太常卿。東林黨争爆發後被削去封號，至崇禎初年平反。贈吏部右侍郎，謚號端文。

顧憲成後裔屬涇裏支，這是江蘇無錫顧氏宗族分支之一。無錫顧氏自古即大族，東漢末年爲江南四大世家『顧陸朱張』之首，當中首推孫吴丞相顧雍。而後千百餘年，又有顧愷之、顧野王等文人墨客先後登場，引領文壇。明嘉靖年間，顧憲成的父親顧學從無錫上捨遷涇裏，其後代在嘉慶戊辰修譜時單列爲涇裏支。涇裏支顧氏敬仰先祖，崇尚英賢，治家有方，人才輩出。明清兩朝涇裏支共出殿試金榜進士十名，而顧憲成之子顧與沐、孫顧樞、曾孫顧貞觀、玄孫顧開陸也都科甲有名，譽稱爲『五世連科』。

《元卷遺蹟》爲顧憲成參加應天府鄉試的試卷草稿及部分真文真蹟，由其曾孫顧貞觀裝潢成册，傳于後人。該墨卷現珍藏於中國國家博物館。而本書《顧端文公元卷遺蹟》是由顧端文公十二世孫顧定安先生以顧寶琛先生一九五七年珂羅版爲底本影印編輯而成，并贈予我南京中國科舉博物館。

南京中國科舉博物館自建館以來，一直致力於尋訪進士後人的項目，與進士後人共同努力理清進士家譜，弘揚優良家風。而顧氏作爲江南大族，子孫遍布華夏。如今，顧氏後人在建設新中國的各行各業都有建樹。涇裏支近世就有包括顧夏聲、顧森（林華）和顧真安等三位中國工程院院士在内的多名專家、學者，他們的英模事迹以傳記形式載入家譜，傳承了顧氏優良家風家訓。爲滿足學術各界方家對於顧憲成及涇裏支顧氏的研究需求，現決定將館藏《顧端文公元卷遺蹟》進行出版，讓更多群衆了解顧氏家族及顧氏家訓，以饗讀者。

顧端文公元卷遺蹟 目録

明誥贈吏部右侍郎端文公像

濂洛關閩　脈遠中湮

揭精表微　日月重新

大心體物　小心繼統

任重東林　仁者有勇

後學吳桂森敬題

顧端文公元卷遺蹟

黔南後學夏同龢書籤

顧端文公元卷遺蹟

肅甯後學劉春霖書籤

顧端文公

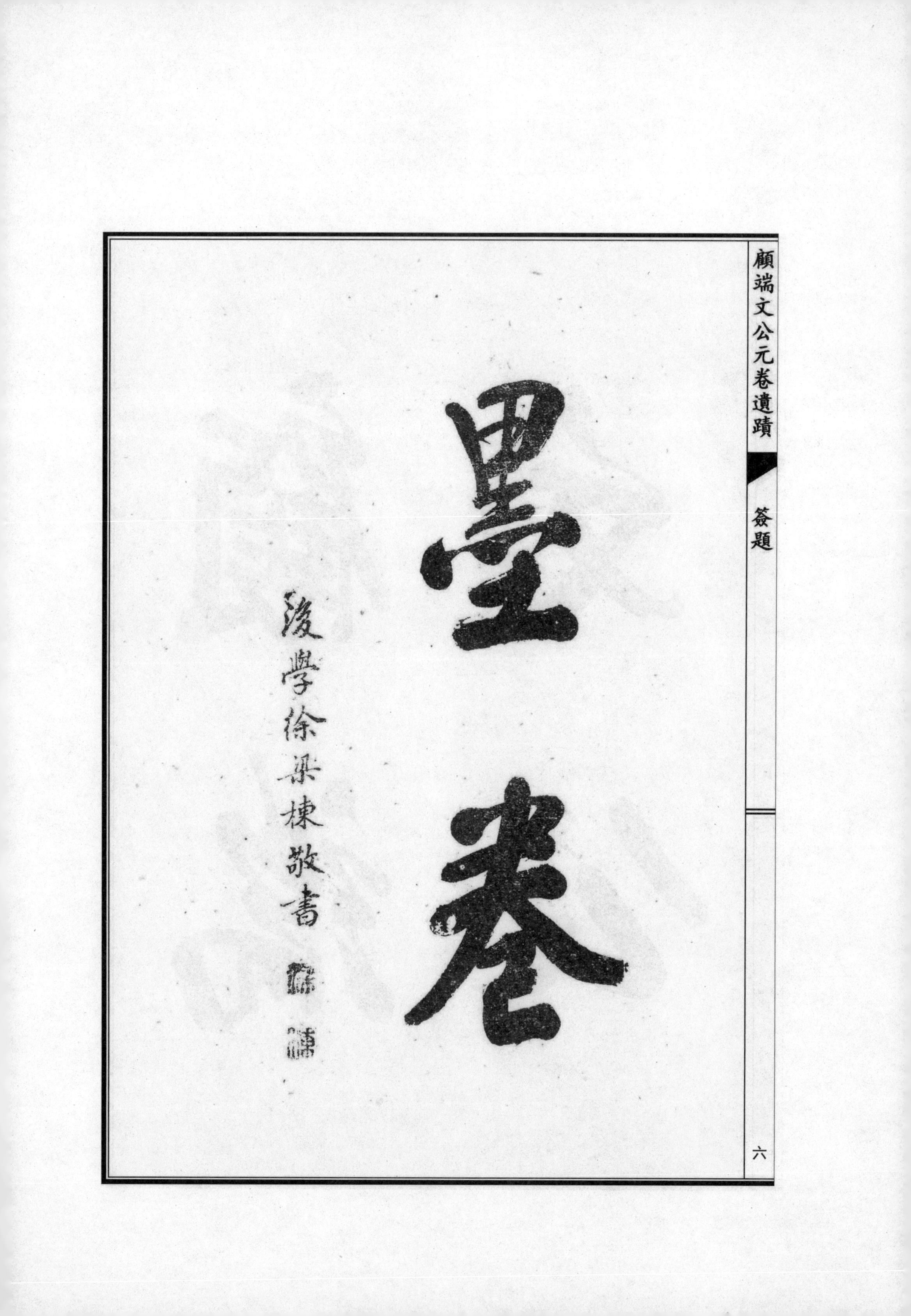

墨卷

後學徐梁棟敬書

直隸常州府無錫縣儒學廩膳生員顧憲成習書經

第壹場

第一名

直隸常州府無錫縣儒學廩膳生員顧憲成應

萬曆四年

應天府鄉試本身並無刑喪過犯亦不係冒籍頂名

之人今將本身年貌籍貫三代脚色并所習經書開

具于後

計開

一本身年貳拾叁歲身中面白微鬚係無錫縣五

十三都四畚民籍

一三代

曾祖綿故不仕 祖夔故不仕 父學不仕

一習書經

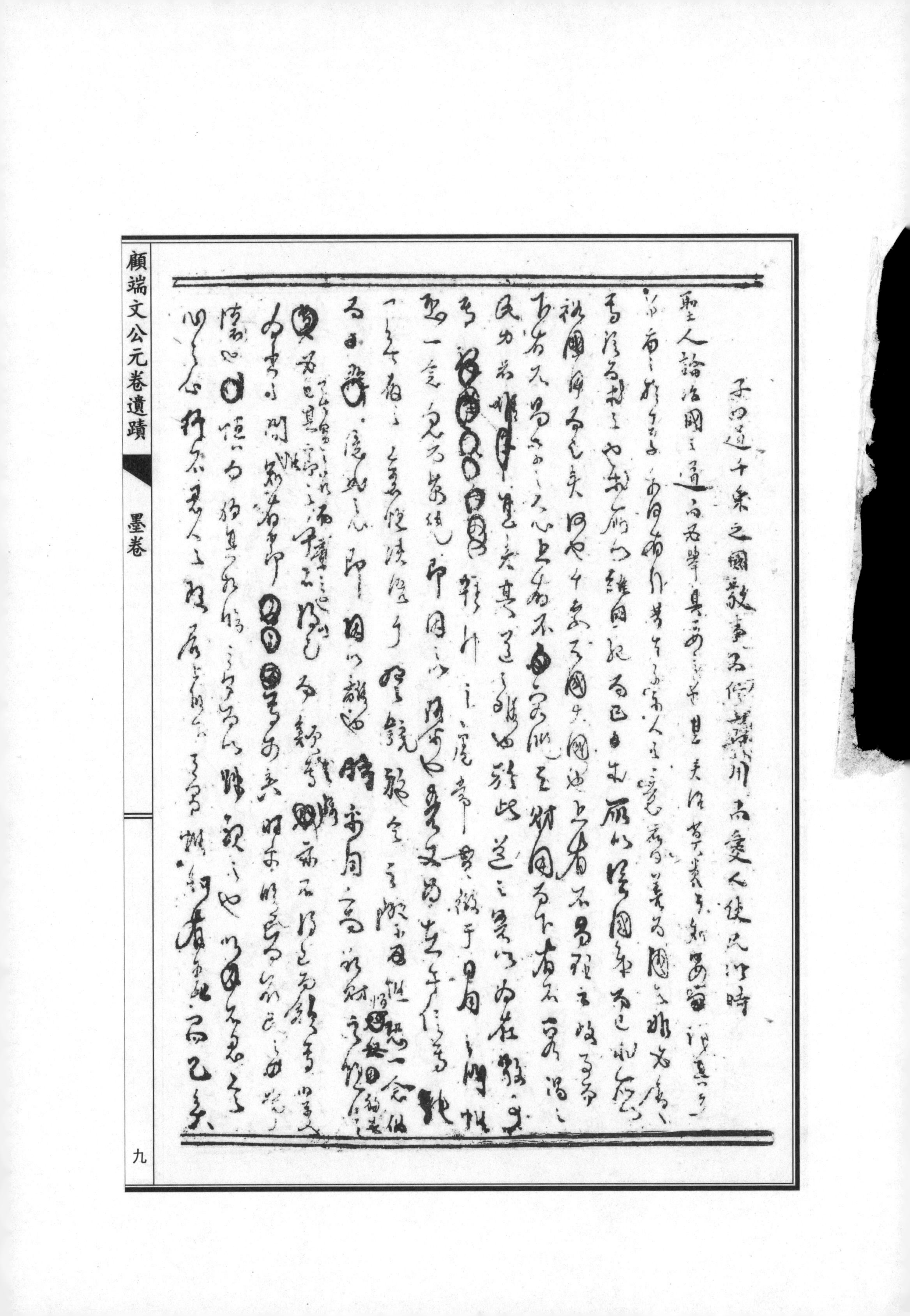

子曰道千乘之國敬事而信節用而愛人使民以時

聖人論治國之道而[illegible]

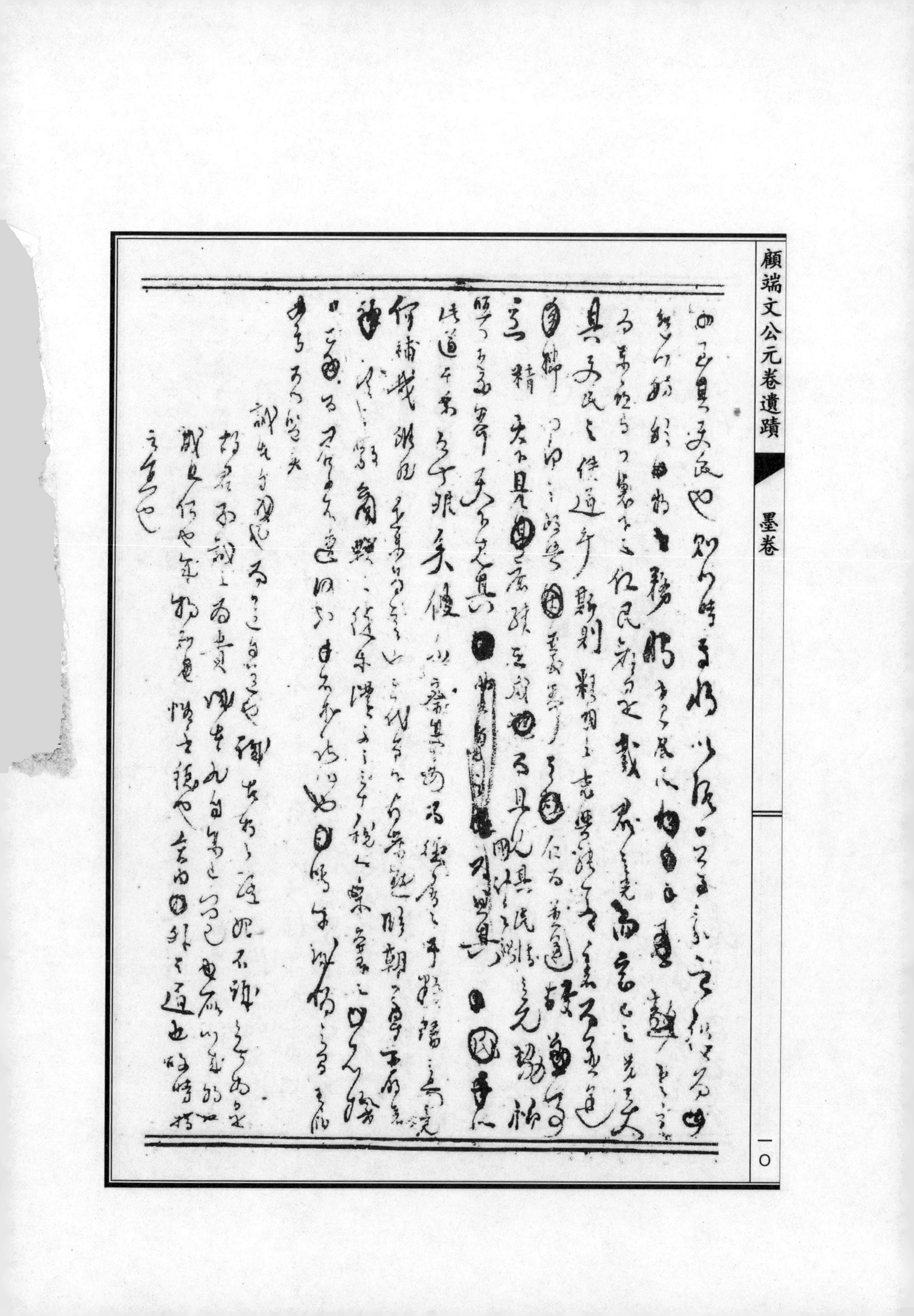

[illegible]

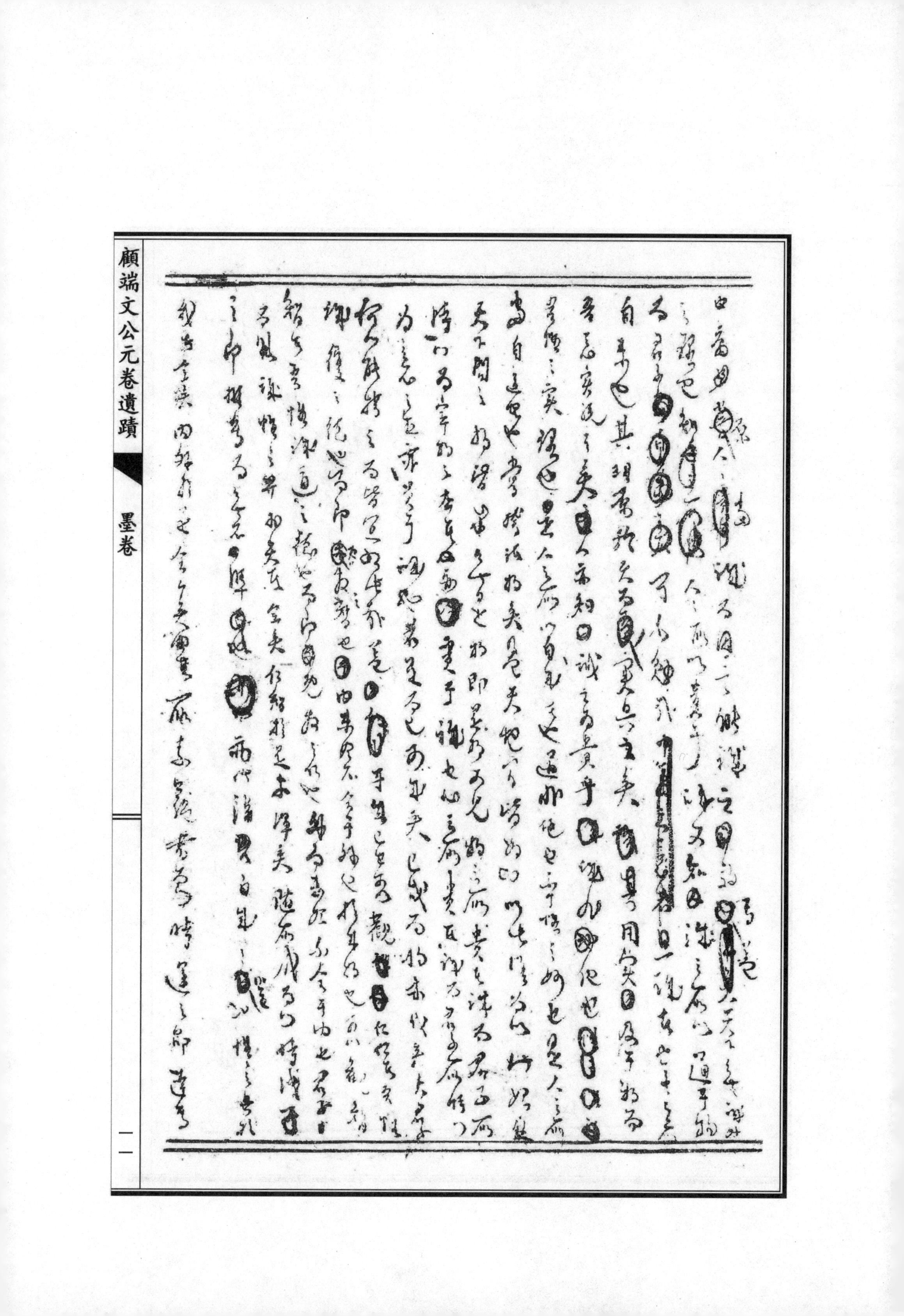

[illegible]

[illegible]

[illegible]

[illegible]

[illegible]

[illegible]

[illegible]

[illegible]

[illegible]

[illegible]

[illegible]

[illegible]

[illegible]

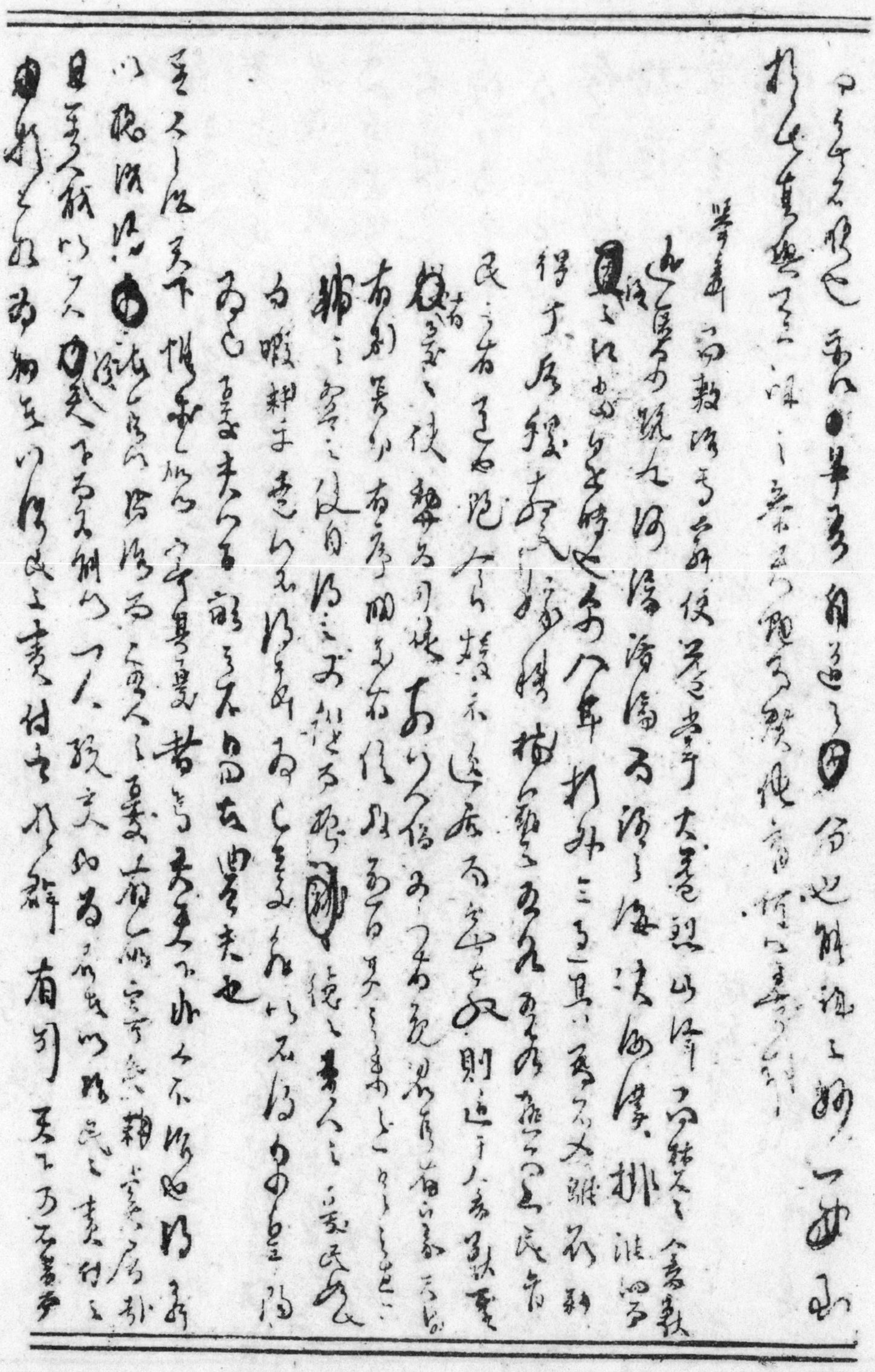

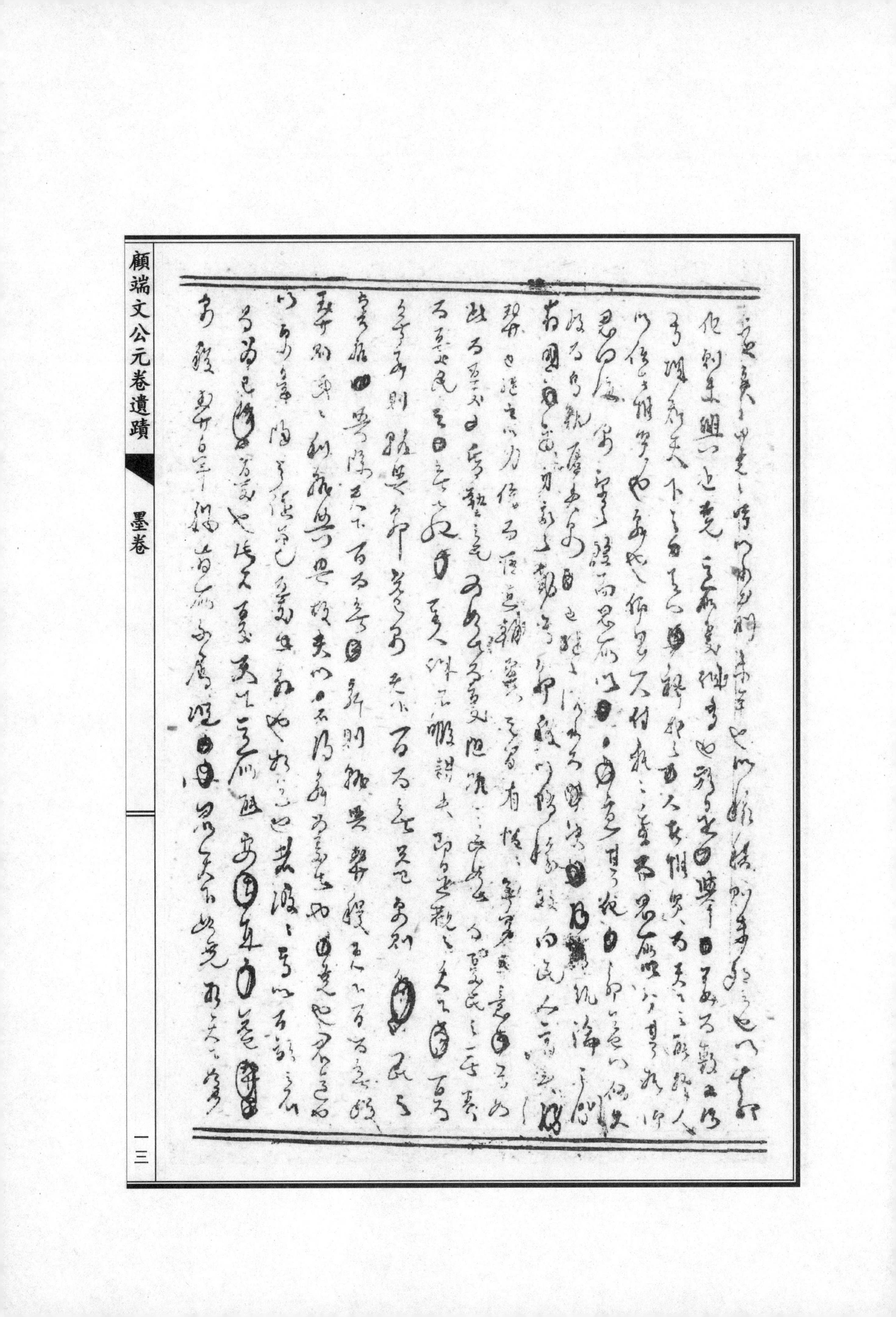

[illegible]

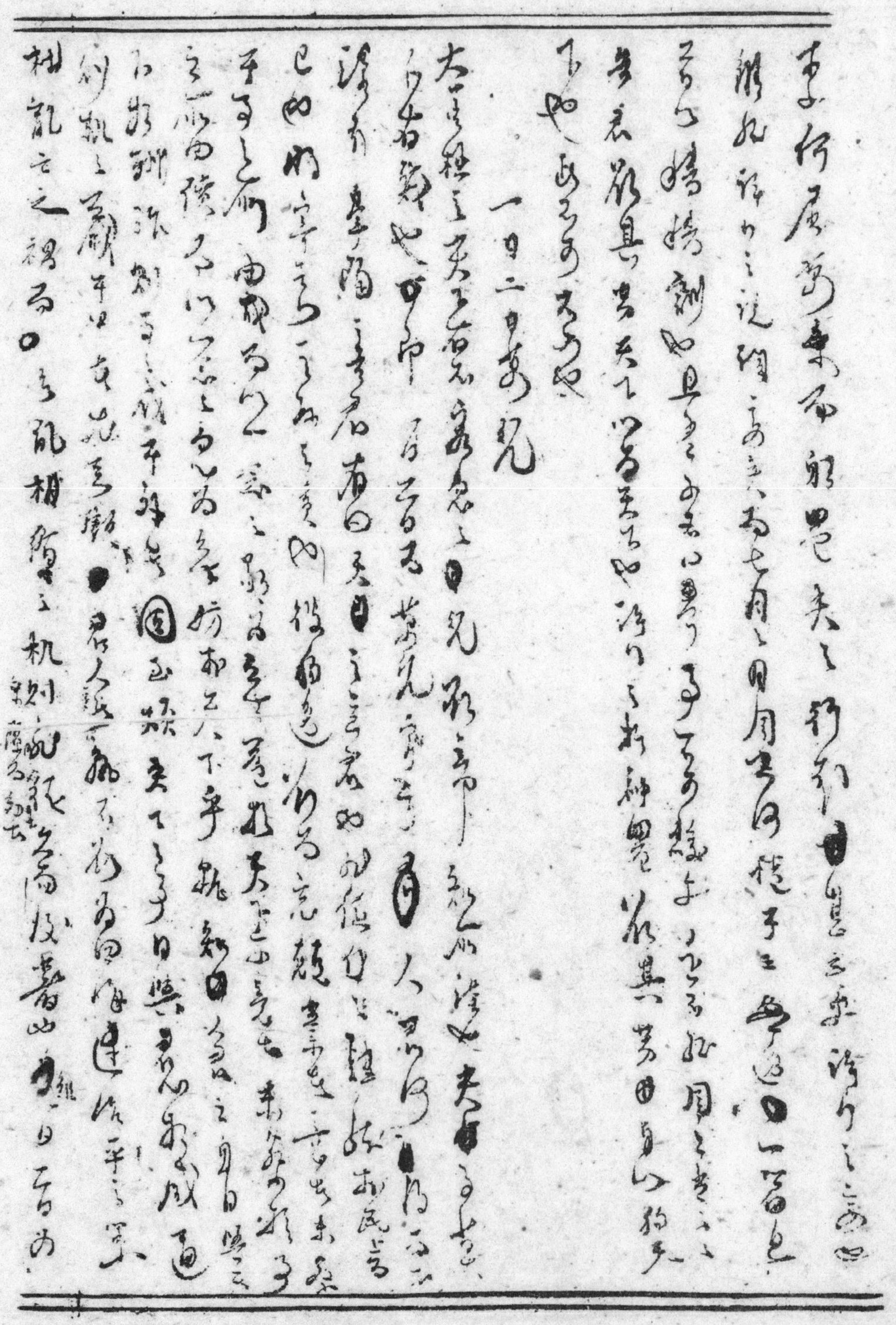

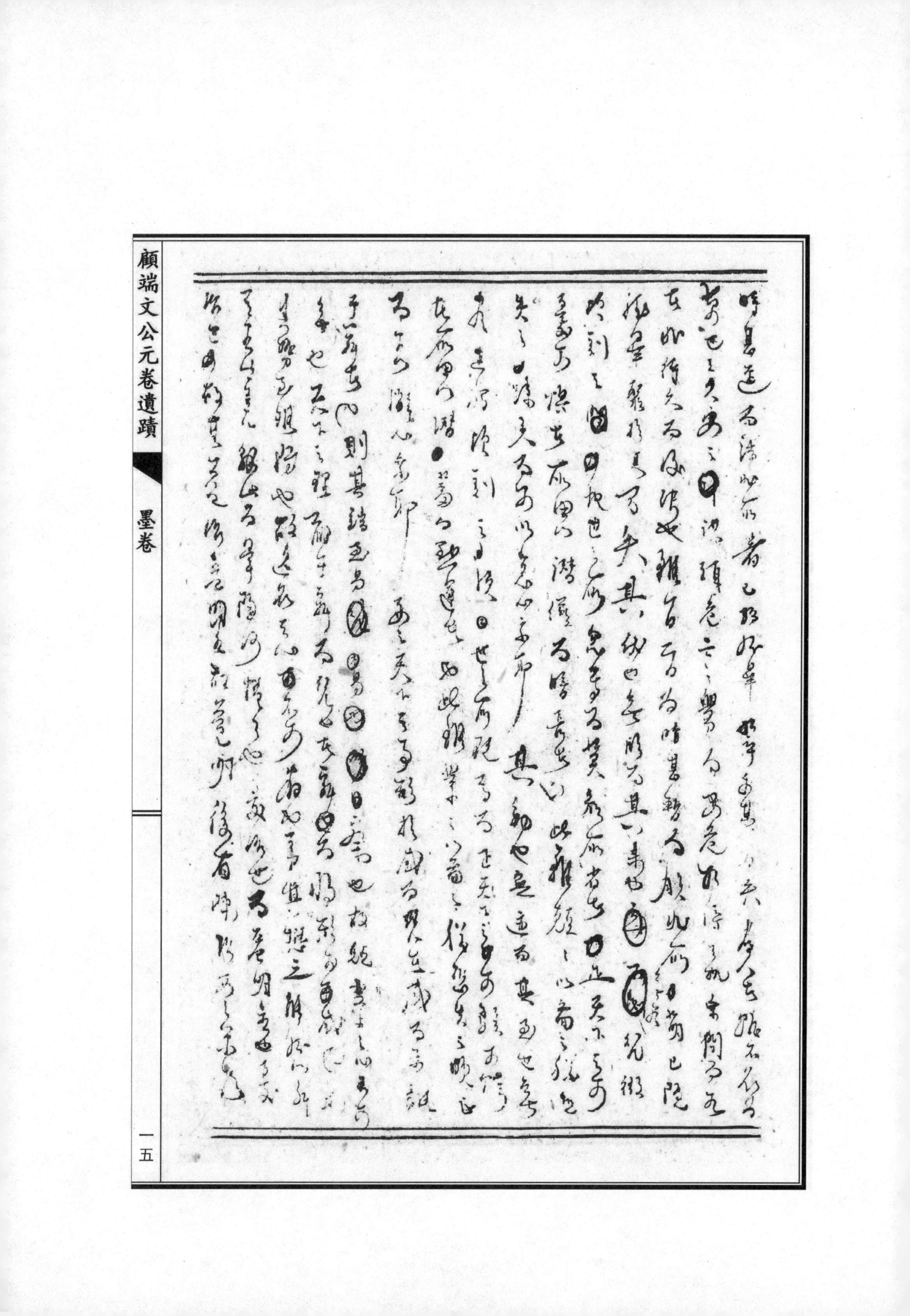

[illegible]

隨之屬其[illegible]見[illegible]事[illegible]心之
非顏子擬以之解說而觀其大，其數久協乎天之德性從心
之者顏淵
大有明之言善乎[illegible]為[illegible]作[illegible]夫[illegible]而言[illegible]行為[illegible]有定
得也行之為[illegible][illegible]為[illegible][illegible]居之[illegible]而[illegible]君為[illegible]
以[illegible]傳[illegible][illegible][illegible][illegible]得[illegible]是乎[illegible]其[illegible][illegible]比[illegible]
乎是[illegible]乎[illegible]自[illegible][illegible]觀之不一[illegible]之[illegible]也從[illegible]以[illegible]君之[illegible]
其[illegible]君之行也[illegible]有[illegible]天之[illegible]則[illegible]知其[illegible]為[illegible]
之[illegible]知則問[illegible]乎一念之感[illegible]為無[illegible]也[illegible]之[illegible]有所以
[illegible]之[illegible]之地在不[illegible][illegible]也[illegible]則[illegible][illegible][illegible]乎一[illegible]
[illegible]領[illegible]為有[illegible][illegible]之[illegible]得[illegible][illegible][illegible]以[illegible]以[illegible]是於此也
也顏[illegible]之[illegible][illegible][illegible][illegible]之不[illegible]自[illegible][illegible]見[illegible]之[illegible]自[illegible]
為[illegible][illegible][illegible]之[illegible][illegible][illegible]決也[illegible]自[illegible]以[illegible]之[illegible]為[illegible][illegible][illegible]而精神
之[illegible][illegible][illegible]為精之[illegible][illegible]為以[illegible]之[illegible][illegible][illegible]之[illegible][illegible][illegible]
為[illegible]神之[illegible][illegible][illegible][illegible]為精之[illegible][illegible]為[illegible]人[illegible]之[illegible]從
則何行之不[illegible][illegible]雖[illegible][illegible][illegible][illegible][illegible]之亦[illegible][illegible]作為[illegible]也曰[illegible]

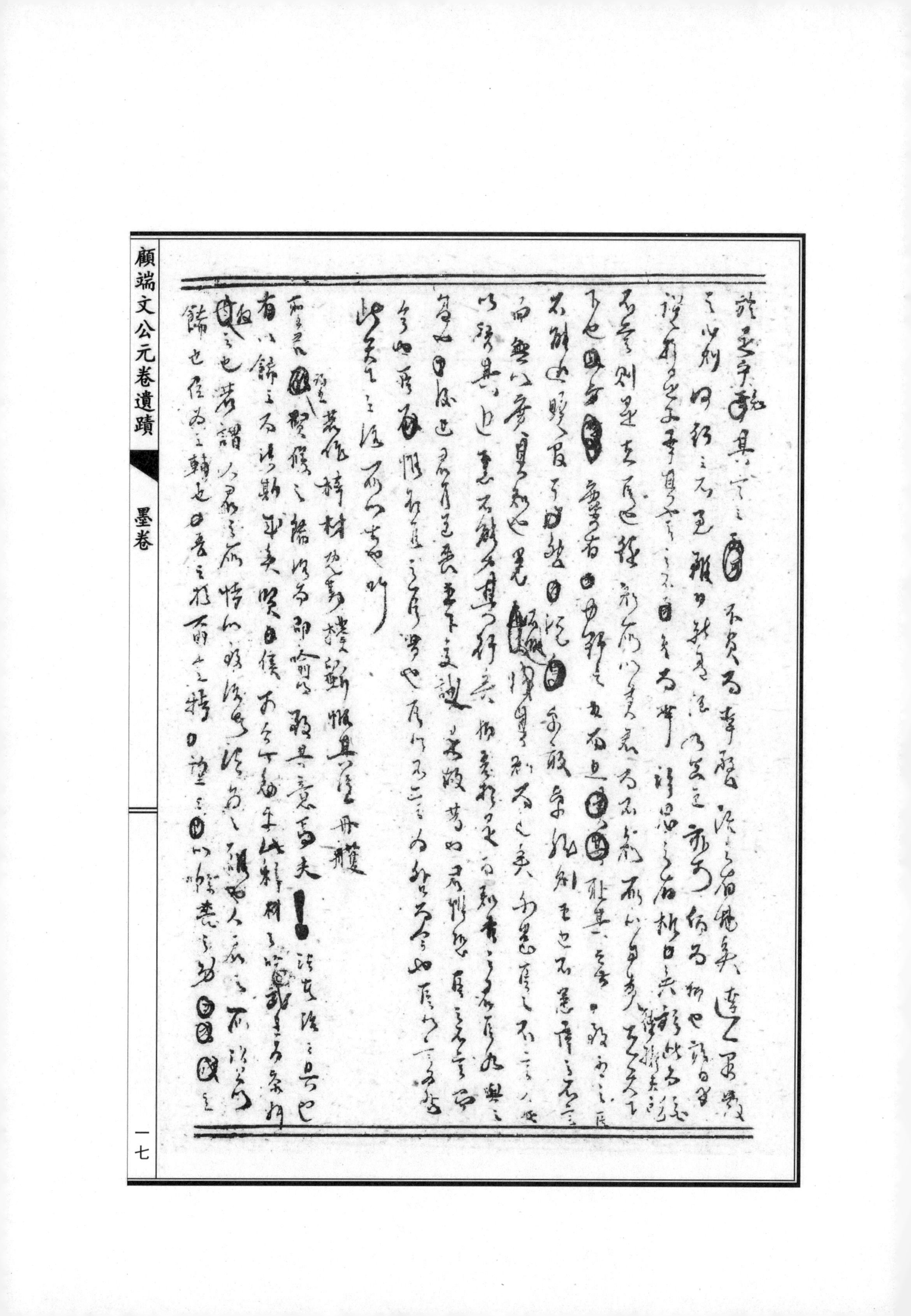

[illegible]

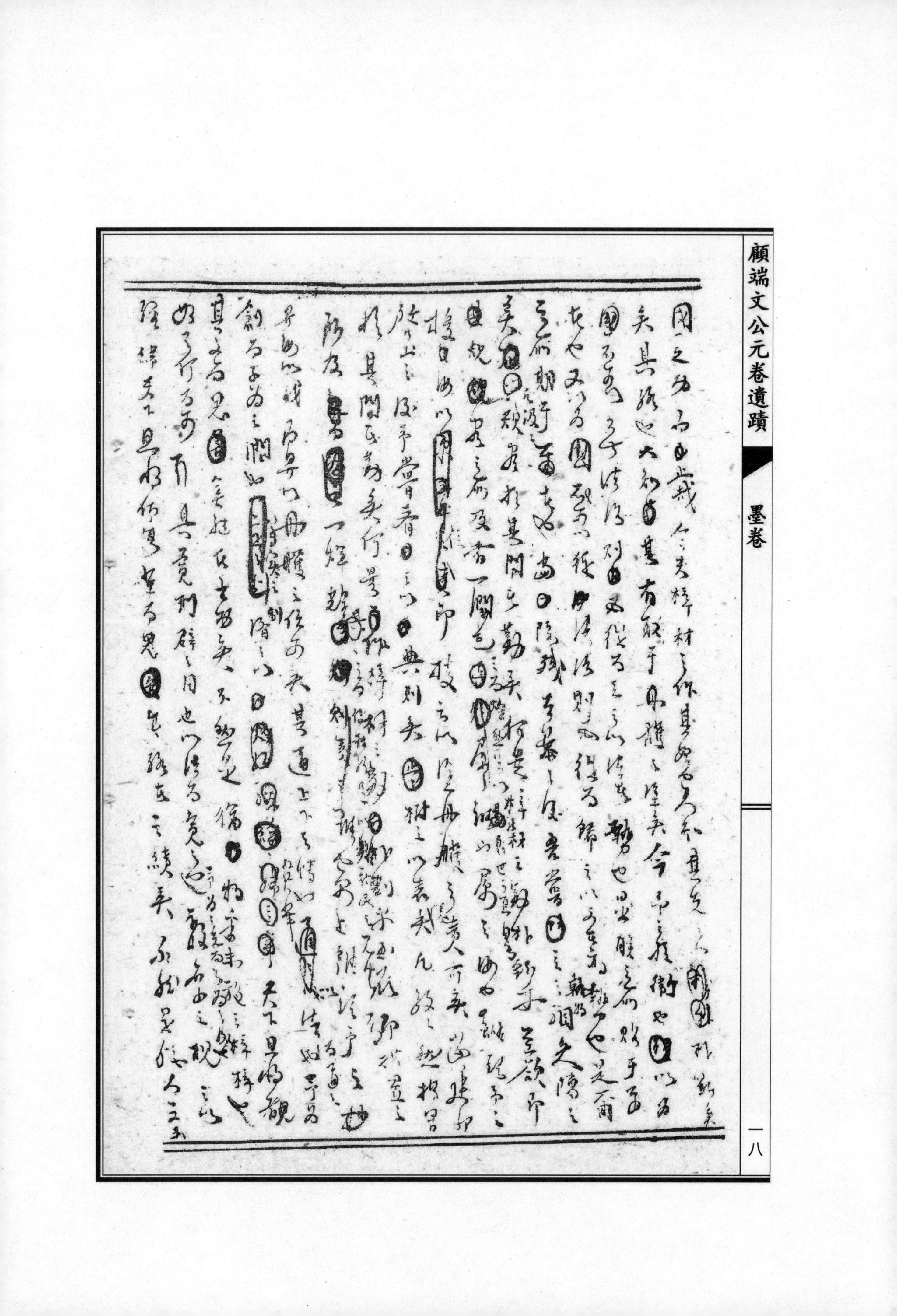

[illegible]

貴之辨 材也 [illegible]

[illegible] 其 [illegible]

[illegible] 周之 [illegible] 周 [illegible]

[illegible] 日 [illegible] 其 [illegible]

[illegible] 人 [illegible]

嗚呼 [illegible] 則 [illegible] 之 [illegible] 矣 [illegible]

[illegible]

其爾典常作之師

謂王之訓辭 [illegible] 其 [illegible] 之 [illegible]

[illegible] 之 [illegible] 周 [illegible]

[illegible]

[illegible] 典 [illegible]

[illegible] 其 [illegible] 則 [illegible]

[illegible] 之 [illegible] 其 [illegible]

[illegible] 典則 [illegible] 之 [illegible]

[illegible] 作 [illegible]

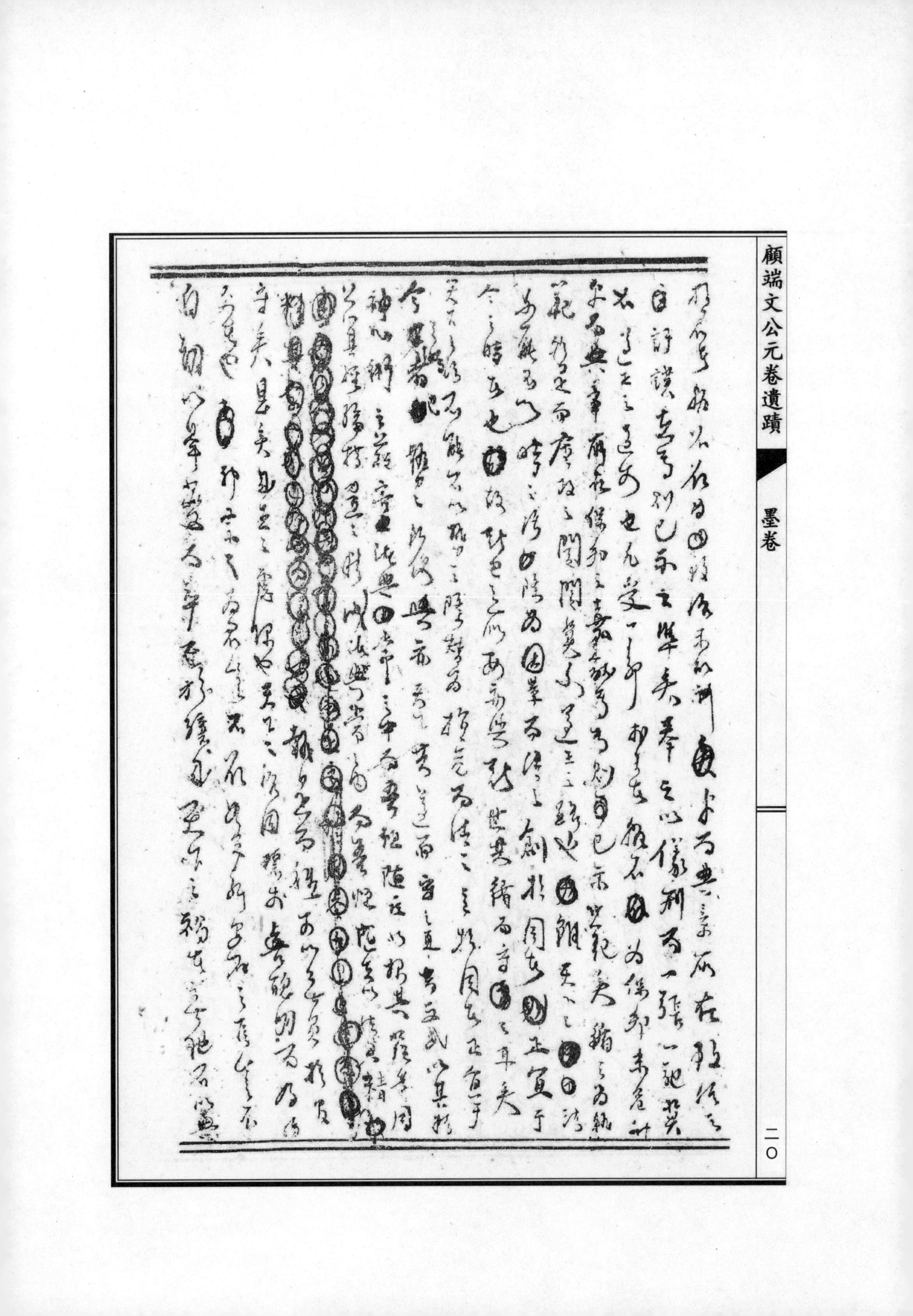

[illegible]

[illegible]

嘗以誠爲貴矣否則不流於無物者幾希吾於是而知子思之著立言也大學曰誠意者毋

自欺也夫是非真妄之介昏昧翻覆之根昔豈遂冥然而不覺哉知之而故違之也故特名

之自欺而子思之論誠也亦曰自成自道所以挽天下之外馳而歸之内也噫釋氏曰返照老氏

曰澄心彼異端猶知有所謂自也哉吾於是乎有感

舉舜而敷治焉舜使益掌火益烈山澤而焚之禽獸逃匿禹疏九河瀹濟

漯而注諸海決汝漢排淮泗而注之江然後中國可得而食也當是

時[redacted]也禹八年於外三過其門而不入雖欲耕得乎后稷教民稼[redacted]穡
樹藝五穀五穀熟而民人育人之有道也飽食煖衣逸居而無教
[redacted]則近於禽獸聖人有憂之使契爲司徒教以人倫父子有親君臣
有義夫婦有別長幼有序朋友有信放勳曰勞之來之匡之直之
輔之翼之使自得之又從而振德之聖人之憂民如此而暇耕乎堯
以不得舜爲己憂舜以不得禹皋陶爲己憂夫以百畝之不易爲
己憂者農夫也
何汲汲而不遑也命稷以司稼政而人民育矣契則起而明倫[redacted]焉所以加意於哲衰匡直

之間者何蠱害而不除也在天下方乎夫聖人之有作而害可除在聖人則方寬夫民●
瘼之未而恤在天下方乎夫聖人之有作而利可興在聖人則方慮夫民欲之未而遂如此乎其
不暇耕矣由此觀之堯一日而無舜則孰與命禹益舜一日而無禹益則孰與拯昏墊之寃
害而登天下於平成堯一日而無舜則孰與命稷契舜一日而無稷契則孰與拯阻飢而踣
天下於揖遜然則憂舜之不得者堯也君道也憂禹皐陶之不得者舜也相道也彼以
百畝之不易為憂者蓋忘情於天下者之所能安耳即禹益稷契之徒猶有所不
屑況乎君如堯相如舜獨奈何而躬農夫之行哉甚矣許行之妄也嘗讀禹氏之謨曰
后克艱厥后臣克艱厥臣夫君者負荷天下之艱者也故雖欲頃刻安於民上而不

可得後世不遑以位為樂而忘其所可憂許行遂欲矯之以並耕之說其視世之（勤）刈莫民者則誠愈矣何孟子之深拒也曰斷刈其民則天下無良君並耕則天下無君此可以明孟子之旨

一日二日萬幾

大臣極言幾之可畏欲帝知所謹也夫幾者事之先見者也由一日二日之間而有萬幾（而）之君何得而弗謹哉此皋陶所以警敬諸帝也若謂天之立君也非徒使之

觀聖人擇人以圖治而知其所憂者大矣夫天下非人不治也得舜以總治得禹皋之徒以分治而後民可安焉因知聖人之憂不同於農夫之憂也且天下之未治也聖人能以忍憂之而不能以身徇之也（為君者）舉治民之責付之於一相為相者舉治民之責付之於群

有司天下可坐而理矣當堯之時以洪水則未平也以稼穡則未殖也以教化則未興也堯所憂也時乃舉舜而敷治焉誠知天下之治必得人而後可圖也誠知天下之人□不得舜而後可舉也舜也仰承一命付託之重而思殫心以釋其憂俯念四海屬望之殷而務擇賢以分其責命益以司火政而禽獸匿矣禹則起而治水焉所以竭力於疏瀹決排之間者大臣極言幾之可畏欲帝知所謹也夫幾者事之先見者也由一日二日之間至有萬幾之君何得而弗謹哉此皋陶所以敬諸帝也君謂天之立君也非徒使之寡然於民上而已也將以立政之責寄之也彼徇逸欲而忘兢業者意者未察夫事之所由成而以一念之敬為無益於天下乎意者未察夫事之所由債而以一念之肆為無妨於天下乎孰知人主之身日與天下相周旋則事之感於外者固至賾

而天下之事日與君心相酬酢則幾之隱於內者尤至煩君人者誰不欲為四海

建治平之策杜亂亡之禍而治亂回循環之幾所以乘隙而動者非始於四海之遠

雖一日二日為時甚邇而端倪所萌已紛然畢萃乎其間矣君人者孰不欲為百

之幾所以乘興參而生皆作當上下互升

舜直欲舉之而施於治焉吾知存一勇往之心則何行之不克而政果見其能舉也人果見其能用也即懋昭大德如先王允可作而求也說於是幸其言之不負而忠讜之護且日陳於當宁矣持一奮迅之心則何行之不至而事果見其能立也德果見其能脩也即日新又新如先王允可并而合也說於是幸其言之不虛而明諧之論時獻於丞句矣借曰不然則在說也知所以責君而不知所以自責徒擁夫良弼之尊在天下也可慶商家有從諫之主而且耻商家無能諫之臣必見於曠官之咎其又何以對我先王也哉然則王之於今不思臣之不言無以啓其知也思不能自踐其知以開天下進善之門而已矣不思臣之不言無以建其行也思不能自力其行

以為天下献納之地而已矣王尚圖厥艱可乎噫○曰傅說之望高宗也始而切
矣此高宗所以稱良臣而傅說所以稱良弼也晚世道衰而德替臣主異途明良
之風曠於天下故昔也君惟恐臣之不言而今也惟恐臣之有言昔也臣以不言為
咎而今也臣以言為咎太宗之受諫魏徵之○納諫幾為空言之足音矣而亦
以不終豈非惜哉有天下者尚三復于說命之言

若作梓材既勤樸斲惟其塗丹雘

聖君望賢佐之飾○治而即喻以致其意焉蓋法者治之具也有所以飾之[illegible]
其法善矣賢佐得無勉哉是故梓材之喻武王為康叔發之也意曰人君之所

恃以致治者法[恃有]■■[以]維[之]也人君之所恃以簃治者特有人以佐之也今予之望汝輩
特欲其成除惡之功成立國之功而止乎今夫梓材之作其始也人知其有取於
樸斲矣其終也人知其有取於丹雘矣今朕之於衛以國不可無法而治則无從
而立之法者圖治之道當然也是昔之所貽於封者也以國不可徒法而治則无
從而飾之文者立法之道當然也是今之所望於封者也當除殘去暴之後予嘗陳
之以紀綱矣開之以品式矣凡日汲汲焉規畫於其間者勤矣不猶作梓材之勤
其樸斲乎內是隨規畫之所加而一■敷賁之也固爾事也雖謂予之授爾以位即
授以塗丹雘之司可矣當建邦設土之後予嘗設之以典則矣樹之以軌物矣凡

日孜孜焉措置其所於其間者勤矣不猶作梓材之勤其樸斲乎由是隨措置之所及而一昭宣之也固爾分也雖謂予之畀爾以職即畀以塗丹雘之責可矣時而適上下之情也以法通之也我爲之創其規而予爲之成其章也篤實之內煥之以和順之光天下將見煒然者之可觀而因以思潤色者之功矣否則人文未著吾懼其隨焉已也視諸作梓材者不有異哉時而寬刑辟之用也以法寬之也我爲之具其槩而予爲之成其美也渾厚之內濟之以經綸之華天下將見燦然者之可觀而因以思修飾者之功矣否則物采未施吾懼其俚焉已也視諸作梓材者不亦異哉信乎由樸斲而丹雘則其器成而天下稱良工由畫制而畫文則其法成而天下稱善治封乎兹矣竊有疑

焉時至於周天下亦已文矣而聖人何惓惓於樸材之喻也質不能返而任其愈漓
文不能抑而任其愈熾 非聖人意也時也蓋曰天下萬世苟能守吾之文
至于甚敝也而人則益以奢以塗聖人無如之何矣嗚呼儉之文之于人莫能
文啓無窮之弊吾固惜武王之 於儉之時也

其爾典常作之師

王之訓群臣欲其守昭代之法而已夫治法至周大而大備也況為周之臣而可不守周之
祭以訓群臣也若曰人臣之任職而圖治也遠之將以追隆古之風而近之將以新一代之
也故酌古要矣準今急焉今夫典常者文武周公之所制也語其道則至精至察而足以定萬世之

其尊可信而足以定四海之趨向誠齋之師也必也觀其則而懷效法之思兢兢
悖悖常思而興作求之志孜孜焉恪遵王之不違凡列列自三公而下一者孰不欲為制治
而典常所在制治之訏謨在焉固已示之準矣奉之為儀刑而廓紛之張弛無不遵
而下凡列于職者孰不欲為保釐之訏謀而典常所在保釐之長策在焉固已示之則
萬化之闔闢無不遵王之義也其學之入官之日也師此而學之可也蓋雖天
不能不以時之升降為損益而法之創於周者正宜於今之時焉則斯世之所安亦與斯世共持循之
所眩矣哉其讞之臨事之日也師此而讞之可也蓋雖天下之法不能不以變之活
以因革而法之定於周者正宜於今之勢焉則斯民之所便亦與斯民共率履之而已矣以之立政而政益有所助矣

第貳場

直隸常州府無錫縣儒學廪膳生員顧憲成習書經

斯民之典章之中而作於前者俟諸後而不忒在 而守於後者且質之前而有光

爾有官君子也以其精神所留…

實大本於要道之神宗有常不以患自朝夕之安者易常不以自卑陶自許而卑以於宇天下

聰明之過哉吁吾乃今知成王之言尤萬世之師也

直隸常州府無錫縣儒學廪膳生員顧憲成應

萬曆四年

應天府鄉試本身並無刑喪過犯亦不係冒籍頂名

之人今將本身年貌籍貫三代脚色并所習經書開

具于後

計開

一本身年貳拾叁歲身中面白微鬚係無錫縣五

十三都四啚民籍

一三代　曾祖綿故不仕　祖變故不仕　父學不仕

一習書經

世之所以治安

天下之患莫大乎吾民之民生之民心以日渙者為天下計者必先於民固吾之

之夫以召亂何所恙矣誠得之以安誠得之以法則固為維繫而無離離則所以

得其所以為得誠得之以亂則亂不復然而懲其[illegible]不懼於一旦之亂以時也

孚其於然而治日常少亂日常多率陷於危而君自覺[illegible]也

從知有天下之寄而不知有民也夫民者天下之所恃以為其之所寄也

能使之以心相維之以恩澤德以綿延而後德之以属之之相連

華民者乎得而節制之若變易當可道之人樣所目

爲君者安得爲國之善治矣不知其說推其說也而者

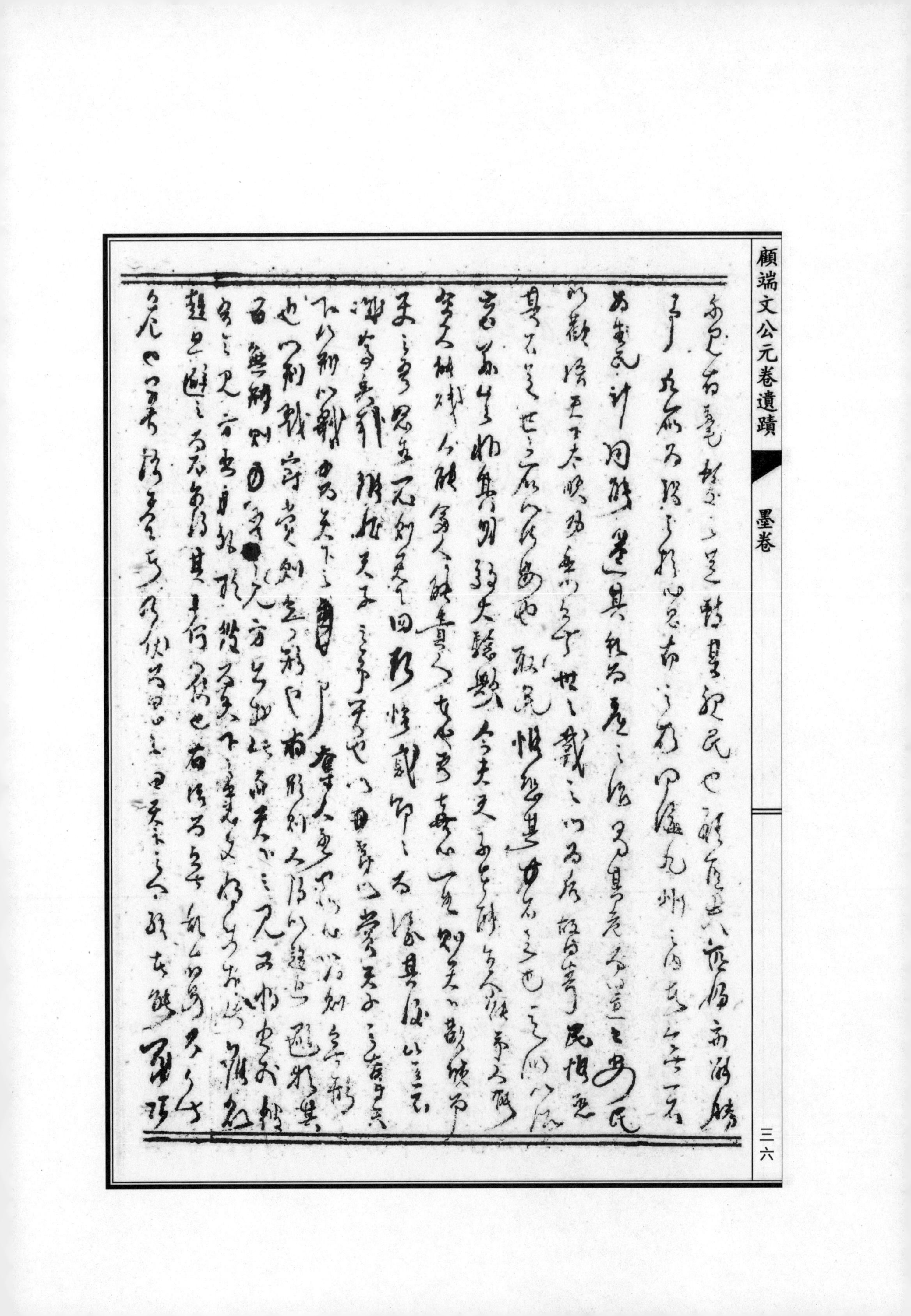

[illegible]

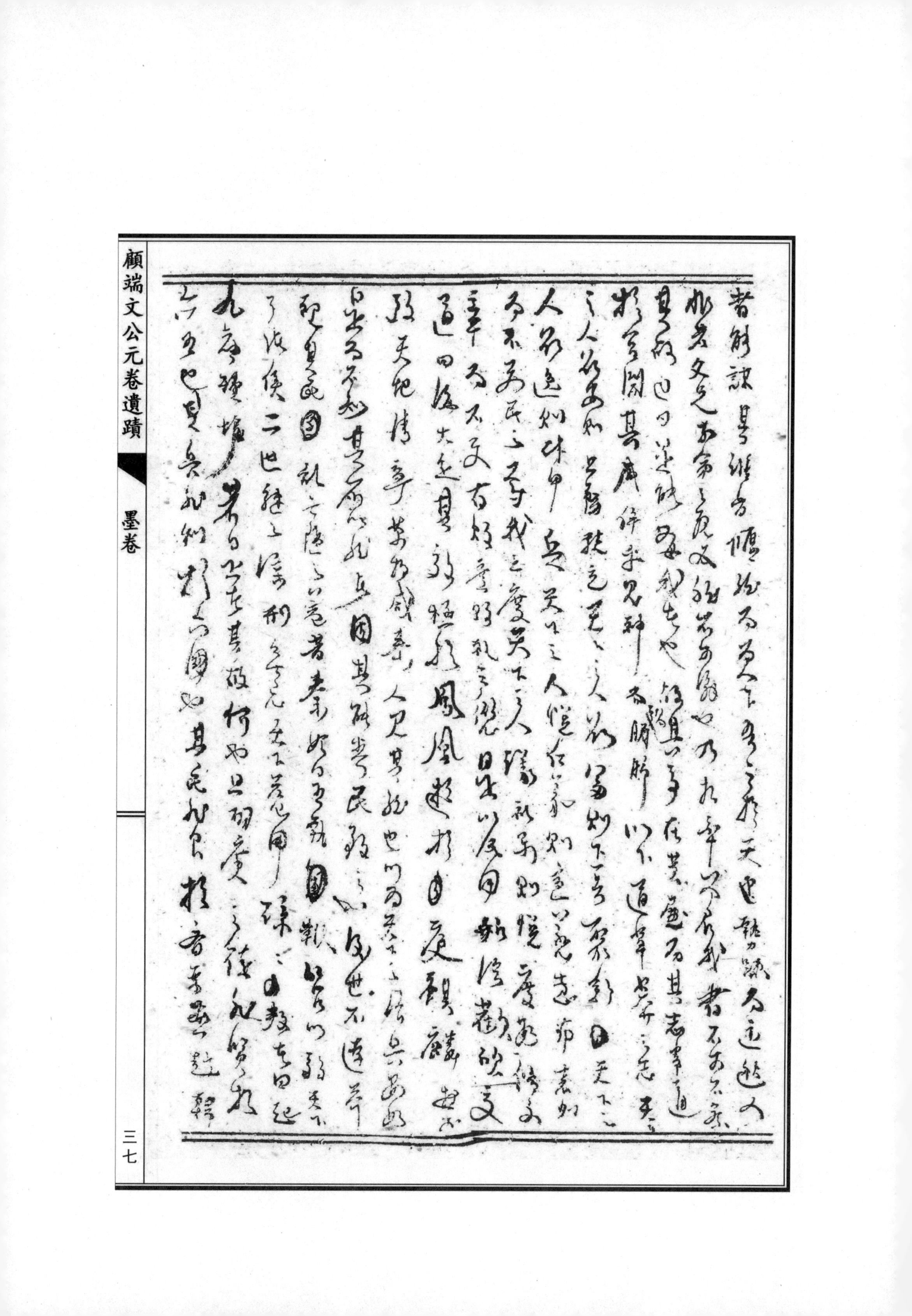

[illegible]

觀也而卒不能勝其欲也何也處其民也故先甚之
言之之民不上悅其民之意之代以之能為之自生其心
陳情則鬱氣生焉已嗔怒生亂而日甚而危之大亂。

擬宋御史蔡襄當時李迪平章事送中書門下表
慶曆二年
景祐二年以其事書平章事送

上御延和殿召輔臣賜書送中書之延及送英殿閣學士諸臣
表請
聖諭
　千聖傳心懋學以勤民之要
九重之御極敬存勵精之日
親閲之既以賜之輔臣之臣等謹奉之隆誠德心服
其時之代之無不盡紀而亂之亂其為集紀明之德
造其政化之功懋之德懋明新之盛觀之盛
紹聖總政以新而明之蹟意之致遠而世如休風而至
發之作則而人之知而遍之懋哉至於明之聖德之

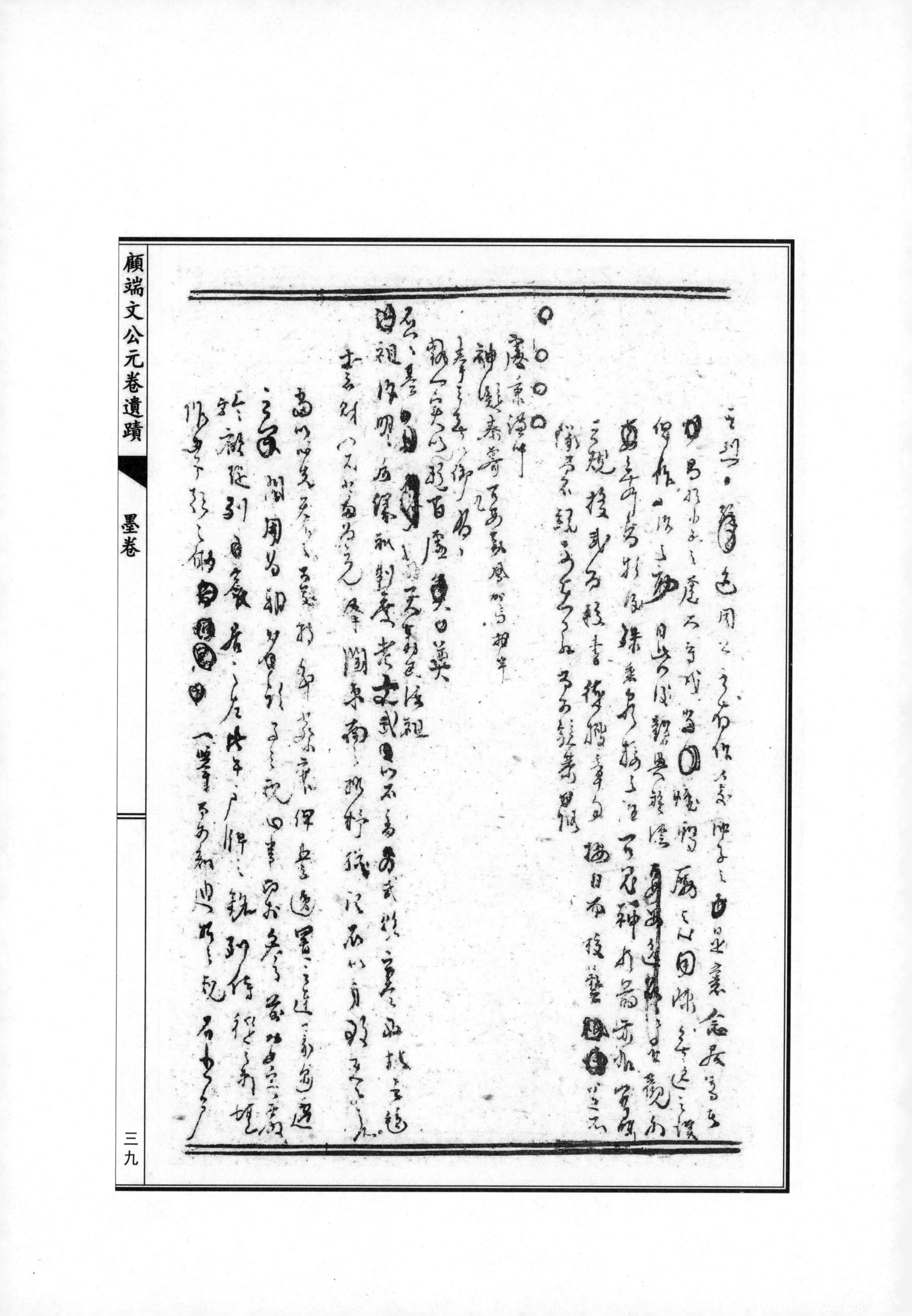

[illegible]

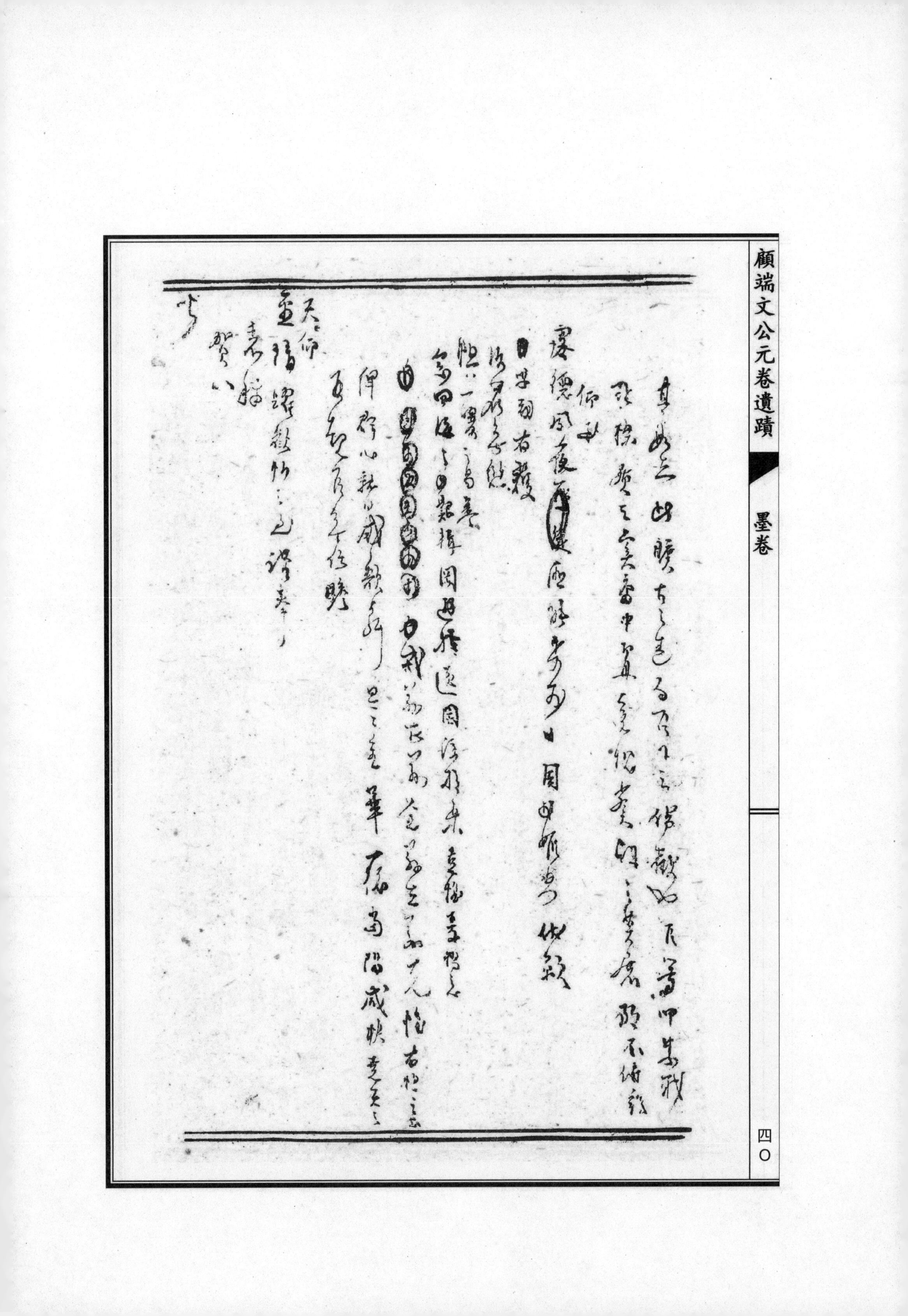

[illegible]

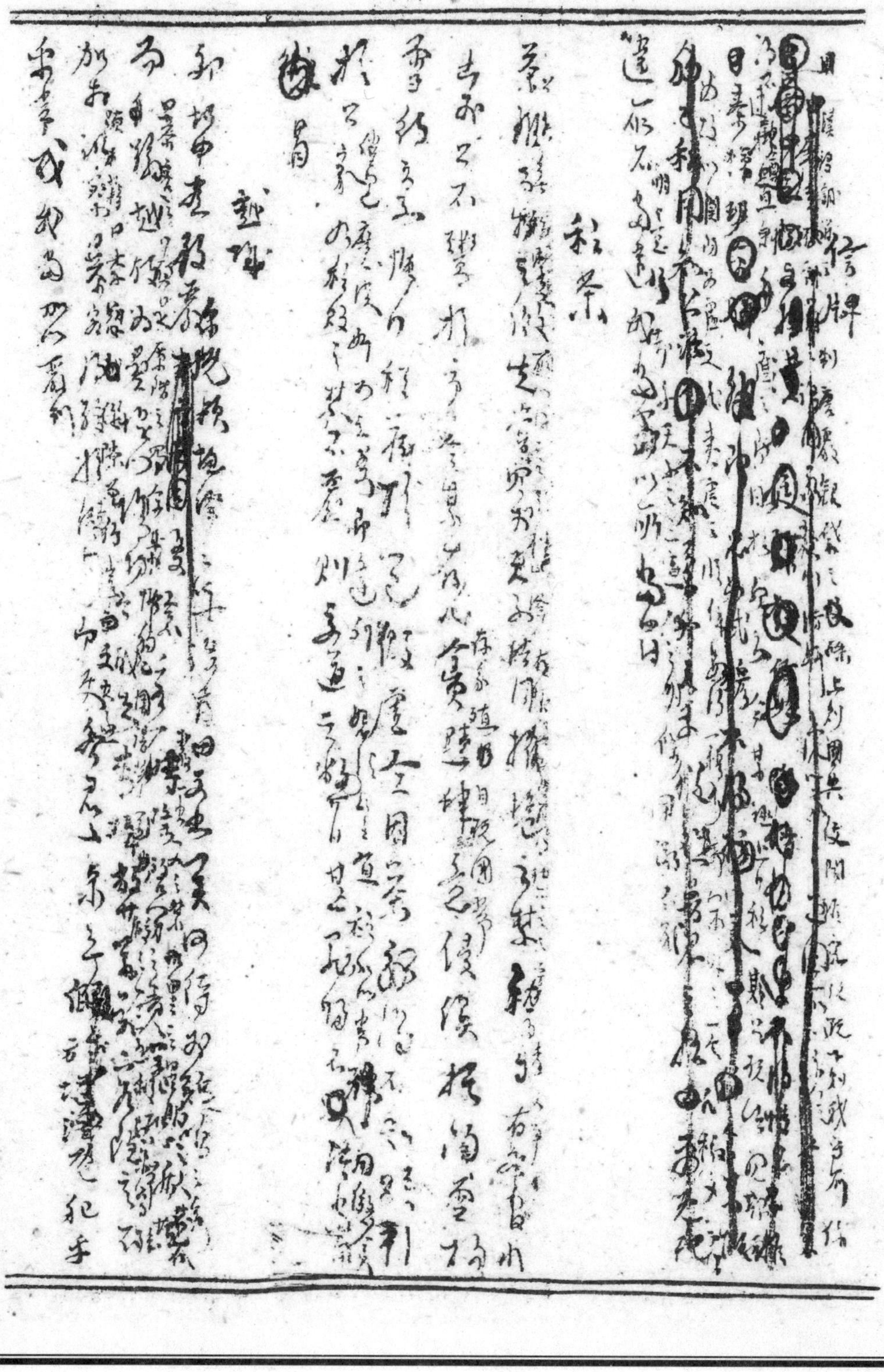

夜禁、

日中爲市，士行白有常期，何以家息，各著[illegible]禁例清

之所，易罪，在小民之所，負之，令某罪，[illegible]執獄不得，慎乎，令行之者，更

縱[illegible]機之要，[illegible]圖，苟明條，[illegible]意，俾爲民遵，[illegible]撥

以正肅相[illegible]

遵令

中庸遵

檄文、鄉道，[illegible]遵，趨命，奉[illegible]金字[illegible]急[illegible]師

令[illegible]惟行，讀有宜守，[illegible]奉[illegible]條圖，令之圖，[illegible]

[illegible]營，[illegible]遵，不[illegible]，[illegible]又[illegible]知[illegible]賢[illegible]

[illegible]讀書覺之法，[illegible]令[illegible]常[illegible]教

康熙辛未上元後四日

裕親王評體格醇正氣度容雅真一代名元也

烝民有則誕降自天欽〻涇陽間世之賢尊德學道是曰無偏持之過激豈 公之謇巖〻東林斯道獨傳明亡人存俎豆不騫曠代同心羅山尚焉

丙午秋余以假歸梁汾送我於大井居之西出此見示因得拜觀柏鄉後學魏裔介

此顧端文公鬮墨草也端文弱冠發解南畿文章磊落排蕩震動一時其仕以齟齬時執不得遂晚益精心理學與其徒講習東林書院奸邪媒孽目為黨人羅織禁錮幾數十

年與有明一代相終其排而擊之與振而起之者無不以公爲幟鵠者也嗚呼公一書生以進退係天下安危小夫弱女仰之若景星卿雲區區經生帖括之言其不足重公明矣然而尼山之道德涵載天地昭明日月而子孫世守之物即一木一屐猶兢兢焉今觀公先資自靖之言不尚愈於既朽之木已敝之屐乎庚午清和余得觀于公之曾孫華峰舍人遂書是語而歸之

武陵後學胡獻徵題

康熙戊辰後學張純修沐手拜觀

郎解讀顧端文公鄉墨第三篇蓋成誦不忘云稍長聞諸觸譚浣海內前賢大儒之事行者津津推公為吾道宗主予生雖晚高山嚮往甚辛亥於章江遇梁汾定文字交時述公生平氣誼惜其重聽耶倘大搭治鑄風動廉頑立懦孤竹柳下之流亞歟而包涵有量搏挽有力屹如廊如蓋為當代砥柱者東漢北宋

諸君子不足方也文如其人八股罣曲枝裁
已已維舟廣陵獲睹開卷纂本展瞻
羅讀其高塘經營慘澹与夫滂意疾書之概
尤親炙儼在也盥留以識
之罘後學王陽手勒

理學津梁文章宗主南畿領解元燈聯五代之光東壁藏珍墨牘留百年之
蹟允矣圓規方矩洵哉周鼎商彝　公之賢曾　梁翁夫子保厥手澤奉為
世傳拜獻先資真艸並收乎玉匣標題繼起正行交映乎瑤函康少誦遺篇
切高山之仰止長侍　哲裔慰私淑於門墻重登錫山之堂獲窺赤軸之寶
想見當朝節槩恍接東林風規薰沐拜書慶申嚮往
康熙丁丑重九日門下晚學生閩中陳祈康敬識

浙西證人後學朱爾邁敬觀

西湖後學孫士寅敬觀

南楚武陵後學劉體恒盥手敬讀

江都後學汪士裕敬觀

武陵後學胡期詩拜觀

康熙己巳五月南海後學梁佩蘭拜觀

先侍御與庸齋先生同鄉舉終身誦習端文公遺書萊方童子即知嚮慕今獲觀闈墨槀本因嘆一代大儒未嘗不出制藝中人重科目信然

白田後学喬萊敬題

鄂渚後學胡潤拜觀

明之中業綱維漸以弛壞而場屋取士猶謹守祖宗之制無由歧途以進者故所収亦多光明俊偉之士萬曆丙子鄉試南直得顧端文公為之領解而北直領解魏公允中福建領解劉公庭蘭並皆知名當世庚辰成進士並以不肯謁江陵首輔不得預劾官郎署郎並以蹇諤為江陵所嫉所謂郎署中有三元會日惟以詆議朝政為務者也劉公最先卒魏公遷吏部未及有所為亦卒端文公與魏公之弟允貞又不能容於繼江陵居政地者再黜之使不得立于朝家居講學東林群小被以黨魁之目而錮廢以終公之道既不行逮萬曆之季年國事亦不復可為矣康熙庚午焯就試京師過端文公之曾孫梁溪先生獲見公丙子鄉試墨卷草藁因感當時場屋之中幸而得士如此而國家竟不盡其用于消長往來之故不勝俛仰太息焉抑又竊聞明之場屋有聲業生始于萬曆戊子北直鄉試是年高公桂以磨勘不少假削籍魏公允貞抗疏論之復讁外李公三才亦以救魏公讁外黨禍遂由此起然則消長往來亦不于場屋之公私見其端而謀國者亦宜以為鑒也庸附識以諗於後之君子　長洲後學何焯

顧端文公之孫　庸菴先生崇禎甲戌與先子端毅同舉南宮以　先生以槃語傷時佳
中副選然講詒胝拳數十年來一如楠下也雖生也晚不及見前人周旋追陪華
封舍人患年道故稱說甚詳始悉知兩家交好非一世矣茲出其　先公萬曆丙
子領解墨卷見示屬題因念　公文章風節炳耀千古後生小子何敢稱發
一辭竊幸附名紙尾遂稽首而誌之合肥年家晚學襲士稚薰沐敬書

康熙戊辰十月後學劉國黻敬觀

南陽後學彭始摶拜觀

元自成童日嘗讀涇陽公文以不能身際其時面聆淵源為恨事今於康熙辛未之三月得遊追梁汾兄於鱔使詩城兄署中瀰廣宗支因出公闈中墨本真草具存手澤自在快喜何似且有名公先生為之記跋珠玉琳瑯後先輝映誠世世敬志數言以步諸公後

潞河培元沐手拜

白田後學喬崇烈拜觀

此吾宗涇陽先生制藝藁也先生之文炳如星斗齠童髦儒皆知誦而慕之而寶此勿失者則以手澤存焉自先生而下四傳至余孟梁汾皆以科名顯今梁汾將裒四世之文而輯之以紀傳經之所自嗚呼世德之垂遠矣哉

語溪鐘拜手識

康熙丙子三月古皋後學李瀛拜觀

顧端文公理學文章昭垂奕代文孫梁汾光昌繼述即鄉闈識奏草藁裝

潢成帖珍藏百有餘歲不匱孝思于茲益見因而諸名公題跋如林其手澤斕然與天幅共不朽矣然不肖繼祿失怙先大夫兩歲三場全墨雖幸守而勿失然未及裝潢書題以永其傳有愧於東溪多矣

康熙丁卯五月初九日觀於天津張水部蘇邀閣堂座上行中吳受張采

大東錢懋藻同觀

蘇門八十一歲裔孫葉廷琯敬書

右顧端文公萬曆丙子南畿領解墨藁本公曾孫華峰舍人裒潢什襲載奉以自隨若載主仁人孝子之用心如此哉康熙辛未邂逅直沽旅舍中出以相示展誦三復感慨係之先伯侍御公後公六十年以崇禎丙子舉浙闈遭時坎壈殉國難以没遺文散失殆盡今又將六十年矣舍人推余星命亦當在丙子余則何敢望前人獨舍人期許為甚殷耳因附題于此以志不朽　仁和後學陳曾藙

顧端文公立朝風節為海內人宗迄今燕燕如昨文孫梁汾寶其手澤至闈墨草本亦裒潢藏弆焉嗚呼後之展是册者忠孝之心亦可油然而生矣

康熙丁卯上巳後學周金然拜書

康熙丁卯七月廿五日曾孫婿劉雷恒同孫孫志百拜敬觀

平太高春拜觀

端文公元墨遺經其在手澤宛然故如
泰碑漢碣雖風雨薄蝕終存寶物也
文孫梁汾先生往來朱邸為信宿觀
且為予言新得廿一史皆係先人點次二十
餘年散而復合孝思所感天必成之可以
為家乘矣　上元後學梁鋗沐手書

先生以鐵代鉅公人品氣節為東林并冕
頃讀其墨藁吐辭為經德音琅琅令人
想見褒衣大別立朝接物之概傳有之
言者表之旗良不誣云
康熙丙子三月會稽後學王廷曾拜識

康熙庚辰七夕商丘後學宋犖暨子至拜觀於錫山舟次

康熙丁卯七月梁汾過余邑舟中得觀
顧端文公元墨草本肅然起敬因拜而書
毘陵後學陳玉璂

康熙丁卯七月廿五日贅孫壻劉雷恆同孫孫志百拜敬觀

康熙丁卯七月梁汾過余邑舟中得觀
顧端文公元墨草本肅然起敬因拜而書
毘陵後學陳玉璂

康熙丁卯七月初二日曾孫壻徐汝聽同男孚百拜敬觀

顧端文公與先同鄉以萬曆丙子同舉於鄉贊縣
梁汾先生又與先太史最交好閱二十年而余始晤先
生於燕臺客舍因出端文公辭元墨藁示余欽之肅然
起敬謹書數語以志世好又　潁江後學史夔識

康熙丁卯上巳漁學周金然拜書

嗚乎此顧端文公發解墨卷也有明以書義取士垂三百年而端文以後黨禍橫決与國運相終始豈端文所及料哉而其機實啓於此矣恭讀乾隆
御製君子小人論曰其學不可不明而其迹不可不慎不可不慎者不顯其迹之謂也至哉
聖言世之君子永奉此為
寶訓必無落唐宋明之流弊矣儀徵阮元敬跋

顧端文公由先宗伯柏潭公讀書龍城書院並為常守施龍岡先生所賞拔庚辰會試又出先宗伯之門呂先宗伯在闈中得兩卷以呈主司申文定云此必南北直兩解元揭曉果　公與魏忠節也　先宗伯既罷歸公力請為東林主講先宗伯堅謝不往見於允伯聲梁溪雜事黃氏著西神叢語乃謂　端文以同學攻終身不肯執弟子之禮又淺之乎視　端文矣　公自敘其文有云以古先為程則不必其當於時以時為程則不必當于古先技首用揣摩聞前此未有之格身為一代理學所宗文亦為一世風氣所肇淘乎特立不懼於拜獻之日已見梗概先宗伯於闈中摸索而識之豈徒以文字哉

嘉慶五年歲次上章涒灘八月二十有七日後學孫尒準拜觀敬識

此為萬曆丙午顧端文公南畿發解槀本也得從閣翁梁汾獲覩之謹拜手跋曰先生望重東林典型未遠道高南國桮棬猶存先資自靖之言詎曰玉卮無當後啓斯文之統式瞻金鏡重開惜未竟其施為發無窮之唱嘆梁汾思繩祖武勿隤家聲斷簡殘編褒諸赤軸珠聯璧合函以青箱不異茂陵之書曾非封禪倘歸華表之鶴即是僊經敢媿後學之無忝猶幸私淑之有藉恍登闕里之宅不盡低徊竊鼓文王之琴穆然如見

朝霞後學李天馥拜題

顧端文公元卷暨令子菲齋先生戊午墨
公孫庸菴先生辛酉墨卷余幼時並曾瞻讀
及丙午分闈所得首卷即公曾孫梁汾舍人
也轉眼又一丙子適公掄元之歲余且為梁
汾諸郎拭目俟之矣海陵後學陸舜

一代文章世已非空餘
奎壁曜南畿庚辰同
考留佳話始信龍城
有鉢衣事詳前葉先
伯祖文靖公識語
民國九年庚申新臘八
應
彬生先生之教　秀拯拗

少讀明學案傾仰在東林而　顧抗崇節千仞振嶽岑黨
人維國命風氣哉吾心吾亦本黨魁遭禍黨錮深直古起
遠公惠山叢憩吟　端文舊闈墨　拜讀吾所欽人能重科
名七藝如散金古習在六經古學形可尋賢哲之心肝精華羅
古今龍象起戲蹋驊騮逸驟之情昔王荊公實始創制義中間
閱千年至我乃廢置所惡士亦學祇用干祿利命題割裂之試士若游
戲惟人性誦經聖道所由寄以詠熏風俗感化用廣被宣尼之廢經毀
聖教也棄傳仰增悵歎題此告後士　南海康有為游惠山題

辛亥後九年歲次庚申冬十二月壬申朔華陽王秉恩雪岑吳郡嘉秉獻秉長沙
余肇康堯衢貴陽陳夔麟少石夔龍庸广歸安朱祖謀古微中江王乃徵病山長白
楊鍾羲子勤臨海章梫一山金壇馮煦蒿叟同敬觀煦書時年七十又八

涇陽先江陵奪之下拜參耳將御東來翁以亦恨七萬甚蜂蔑能
以見寬、志欲屋小復文示之删苦篆意復又中風翔而斜日飛閃
說亦之語但述游泯穀涇陽為少跋後代處軟寄庵告後三居述梢
全文藝　跋十五日中中過又飲冬不清猶九二日中飛始安

理學程朱後東林蔚大觀小心傳道脈勁
節挽狂瀾曠世頑能立斯文義不刊摩
挲遺墨久猶覺筆花寒

民國十二年十月　三原王典章謹題

朝初就外傳即熟誦
端文公首藝稍長家課棘試處處沿匋之違
後良點　數下雖偏托　梁汾夫子門墻叙
其家步乃知　端文即　曾王父也益服膺
不能置越數年復省吾　師于敝鄉志局中
出褒潢　端文公墨蹟見示且命跋焉噫
先生以鐵代舉首重親暨鉅海内奉為的鵠
時下名流揚摧紛綸矣予小子復何言獨
以令茲從遊之發笈瀬見時肄業之權
輿嫡乳相承機緣巧合不無剩墨洛誦
之感云

康熙丙子三月　皁封門下晚學生汪乃新敬識

樸齋仲窩次浮讀　端文公元墨觀䜿
淞物如對芳型　晚學汪乃宗附識

康熙己巳四月汲泉惠山之麓梁汾舍人出
端文公元墨草本見示沐手敬觀
吳江後學孫釚拜書

此顧端文公以萬曆丙子舉南京鄉試第一人墨卷
藁今日益信科名以人重也余先司寇實以是年與
公同舉於鄉世相善故得從公曾孫華峰拜觀而幸
附姓名於後
後學嚴繩孫敬識

端文公墨至今舉業家無不傳誦此其場中藁
本也顏魯公書藁歷代爭寶之況此為公拜
獻之先資乎賢孫梁汾舍人能珍藏之過勝
於寶魏公之笏矣甲子春季後學姜宸英

己未展重陽日太原閻子若璩招集寓
齋獲觀時同坐者嘉定陸子元輔常熟
馮子行賢閻子元謨及余海寧陸嘉淑也
計去公發解日已一百又四年矣公以大儒為
名臣與其藁本對之何殊球璧

端文先生萬曆丙子元牘歷代傳誦皆刻本也今捧此手澤則韓湖蘇海穎筋柳骨並見之矣觀水觀瀾信然邑後學張夏拜識

康熙己未福烁閲

顧端文公解元墨蓋肅然見先正典型不異得歐陽五代史草也　遂安後學毛際可敬展併識

康熙己未五月望日後學劉霖恒敬展

康熙甲子二月後學秦松齡拜觀

自文靖南来伊洛之傳光昌吴會越至有明而東林講學諸儒後先濟美龜山一脉稱盛於時顧端文

公其領袖者也閱發解手澤猶想
見典型云
康熙庚寅五月儀封張伯行書

余家藏先曾祖考萬曆甲辰會試
硃卷奉為世寶百十餘年今觀
端文顧公丙子發解闈牘又前甲辰閱世故家文獻吾兩姓子孫應
祖德是念哉況邢父兄手澤附驥名彰愈覺肅然矣 栢鄉後學魏荔彤

端文公立朝大節剛正不阿晚而講學
東林為斯文宗主雖當時未竟其用而
後世聞風猶廑頑起懦也予與公文
孫渠汾先生先後同官交好多年出
公萬曆丙子科鄉解遺墨示予紙細
三復恍然想見先正風采盥手拜書
以志嚮往之忱云尔
會稽後學魯超敬題

前明理學名臣芳羅念菴磐菴皆狀
元顧端文則解元科目得人於是為
盛端文以不媚權相齟齬仕路退而
與高忠憲講學東林端人正士靡然
從之宵人側目指為黨魁排擊之
不遺餘力朝廷得如此人不能
用而徒釀門户之禍可痛也端
文遺墨在人間者片（新）札殘行
猶堪寶惜況其發解之卷真
艸完具者乎宜其子孫世〻珍

前朝神熹間東林之名滿天下諸先生伸
屈進退與國運始終而首倡東林者則梁
溪顧端文公也公萬曆丙子領解南省庚
辰成進士以不習諂江陵相不得預館選
無何江陵病少師並走群望公拒不往同
官爲代署名公聞馳追削去之淺復以方
事忤繼任陵執政者再起再罷去公去
而國是益陵夷矣既歸葺廢書院以正學
鳴東南蓋洛閩之緒壞于姚江公辭而闢
之廓如也壬午秋穉公曾孫渠孫先生暨
公元孫允臣舍人過荊溪示予裝潢冊子
曰此先端文丙子闈牘遺稾也一展閱手
澤宛然不禁悚而再拜嗟乎明之季措擊
東林者方目爲黨魁而屏抑以老一時
媢嫉並矯士大夫爭附之以竊津要興科

藏如考亭註藁也康熙己卯
孟冬後學潘耒拜書

端文公為有明理學名儒
海內推崇蓋歷久不磨也
余生也晚未獲登公之堂
承公之教猶幸竊覩遺墨
如見其為人嚮往之心益
低徊不去云
後學[illegible]鏞拜識

石篆家相望也不數年而巨奸之胥役伺
豺虎一窩金章紫誥既已蕩為寒烟矣獨
以公故雖殘編敗紙珍若鼎彝昔先世嘗
登紹興戊辰榜王佐榜其同年錄因榮陽
名姓得存吁苟非其人宇宙間無所為不
朽者也閱斯卷者亦可以興起矣
荊溪後學謝方琦敬題

自王學盛行至於神廟之季道術幾爲天下裂矣端一先
生從紛拏之際創立東林大聲疾呼以程朱之學曉八、
下、學者翕然向之然黨禍亦於是起矣迄乎熹宗東林之
徒受禍最烈東林盡而有明亦隨以亡然則東林之廢興直
與有明國運相終始向非先生倡道崇正學措狂瀾天地浩然之
氣不且漸滅殆盡也與余讀先生遺墨真肅肅然起立念先
生之餘烈因想當年得士之盛直國家之幸吾道之光匪特先
生一人事也金壇後學王澍記

先生為理學名儒其節槩
凜凜尤足以表範奕禩今
讀其發鮮原稿恍如親炙
先生也
三韓後學何漢英拜識

錦田後學林之濬敬觀于澄江官舍

端文以東林弁冕理學名節彪炳如日星　文孫梁
汾先生暨元臣舍人邂逅羊城出示　公掄元應天時
闈墨真草原卷距今百有二十四年裝潢寶惜不啻
球圖爾然展閱恍見先正典型　公之名固以文傳
乎抑文以人重爾謹拜識以志不朽
後學錢以塏

人品與文品俱以品重端文公人品卓卓
文品絕高即此百二十七年物令人對之
起敬故知學者意中須在立品
壬午孟冬荆溪後學謝方蓮敬書

泰興後學朱紘拜觀

乾隆癸酉花朝後三日後學吳泰階齋戒以觀

光濟自髫歲先君子每稱
涇陽先生理學文行為當世儒宗私竊
高山之仰又嘗指授
先生行墨奉為科律然未得
先生真蹟也歲丁丑晤　梧齋梁汾
先生得焚香拜觀如覩商彝周
鼎云因書以志快
東海後學孫光濟敬題

仁和後學張陳斌沐手敬觀

昔先大父司空公從蘇門孫徵君
先生校定理學宗傳一書爲
端文公作傳日夜夢　公與高
景逸先生來訪曰知先賢心〻
相印先後不異康熙丙戌春旭
興　公之元孫元臣同捷南宮相
得歡甚庚寅夏抄偶泊舟吳〻
門不期而會因出此冊命題叙〻
返棹敬書數語以志景仰　雎陽後學湯之旭拜識

先生爲前代理學名臣文章氣節表著天壤其丙子掄元名墨百二十四
年蒙本尚存豈獨盛族家珍允爲寰中法物己卯秋余從南郡旅次獲
晤　哲孫梁汾先生及元臣舍人喬柯文梓玉立珊〻積善慶餘固自不
爽因得拜觀
先生手蹟既敬
先生真精神宛然如在又敬曾元霜露之思仁孝無窮也附名簡末與
有餘榮焉
西蜀後學樊澤達沐手拜識

吾家大儒海內師表即此先資已剴涂映砥
柱狂瀾爲功不小
玉峰維禎百拜敬題

乾隆癸卯仲春武原後學陳廷獻拜觀於章安學舍

先司寇去僞齋集中多有與
顧端文公往來尺牘大抵皆理學經濟共相切瑑思得搜購
一日矣丙子秋仰
命衡文南國　先生之文孫梁汾捧　先生手跡奉爲吉光片羽私淑之誠非
先生之發鮮闡墨見示焚盥展讀如登廊廟獲覩天球始信海內之
寶自有真者而隋珠和璧照乘連城俱不足珍也
沙隨後學呂振謹識

從來先達閒墨傳者多矣而手蹟或不傳間有傳者亦不過什襲而家藏之未必公諸海內爲王父大人文人學士之所流覽而目擊之也梁汾先生能以端文公之手蹟不私於家而公諸世可謂善於昭來許而繩祖武者矣盥讀之

餘敬泐數言以誌佩服若夫
端文公之德業事功與品行文章固
炳如日星昭昭人耳間余小子何敢
贊敘

太丘後學丁易拜識

端文先生丙子掄元卷非特一家之
寶乃古今法物也筆墨所在當
有鬼神呵護元孫復齋先生出
以見示因嘆大賢之後其所紹
述者遠矣

己亥十月上海後學曹一士
再拜敬書

戊辰秋七月舟次錫山晤　元臣年長兄話舊如昨日事因出其　高祖端文公叢解墨本示余余童子時熟讀之文今日幸見　先正手澤風叢泉湧下筆時不作第二人想乃信古人不可及因想　公之立朝大節振起斯文與楊文靖先生後先輝映經緯品行亦不作第二人想益信古人為不可及云　山東後學徐恕謹識

乾隆祝犁大淵獻之歲五月廿有七日後學嘉定錢坫秀水王復同拜觀

顧迪公甚魁偉亦滿天地間射策一天中詰發闡儒聞人言不醫國道与世相持其氣鬱當希天末貴斯文有續步世家我亦見讓[illegible]　乾隆乙未四月十三日錢唐後學梁同書拜觀

[illegible]生仁兄以　先[illegible]先生[illegible]屬題　屬[illegible][illegible]　陳[illegible]

不朽者文不磨者人二百餘年入手希新文重人敬人重文也　嘉慶元年九月望日檇李後學蔣光曾敬識

顧端文公元墨藁本歷三百年而文孫梁汾世兄珍藏之其光芒流峙直與日星河嶽並垂不朽非尋常瓌寶可仿佛也公為先朝一代名賢出處始末或詳本傳中或散見於諸書所稱引顧專以帖括重於傳此亦可見梁汾之善守矣

柏鄉後學魏勷敬書

顧端文公與高忠憲公開諸講東林為一代儒宗今去之一百二十餘載而闈卷猶存朱文公登科題名錄得者尤珍重裝潢矧其先資拜獻之言耶詩云高山仰止景行行止甬江後學

左峴盟題

涇陽先生倡道東林高景逸諸君子從而左右之後來氣節諸賢皆於是乎出實為有明末造國祚士氣之大關其萬曆丙子領解南畿制義久矣程式天下家絃戶誦矣曾孫貞觀取闈中手蹟裝潢以示同志題跋淋漓成帙瑗亦得受而觀焉昔朱

文公中紹興進士文丞相為寶祐狀元兩公登科錄今世猶有弆藏之者以人重科名也況風檐手澤墨寶琳琅又為賢子孫之所世守較之昌黎文稿一束為歐陽公所得者不更親切焉弆莫光乎於宋人道學之統朱子集其大成南宋之攻偽學者即以朱子為的韓賈迭用而宋以亡文山遂殉其難涇陽先生為道南書院倡道東南明季之攻東林者亦以先生為的門戶掊擊而明以亡高景逸諸賢共殉其難闈墨制義特先生通籍之先資耳宋明皆以科目取士每科所取之士或未必詩人其文亦不足傳既得其人矣其文復卓然可傳後之人奉其登科刻本世守其闈墨手蹟猶愛之如天球弘璧而當其身反為奸邪之所

掊擊困抑死巨其禍綿延中於國祚至於易姓改命之後而士
氣猶蔫々不振嗚呼其可慨也夫吳江後學張尚瑗謹識

乾隆乙未四月臨川後學李友棠敬觀於杭州使院之古香齋

己卯元日秀水後學沈衛拜讀時年七十八

吉人吉筆常見真蹟筆何知敢污點墨吳興後學馮華拜觀　時乾隆癸卯初夏

科名以人重豈不信哉方公少時題其齋壁曰讀得孔書纔是樂縱居顏巷不為貧是時公年十五耳
而志孔顏之志樂孔顏之樂則其他又何加焉讀公遺書知公之所得大要在小心二字公々言曰鄉黨一
篇章々寫出小心圖十五志學章玩學字矩字是聖人一生小心訣公乃自名其齋曰[illegible]公自道其
生平之學固深有得于小心之訣也敬觀是卷何莫非小心之一圖耶
乾隆庚子夏六月十三日族孫光旭盥手謹識於東林書院依庸堂

昔高忠憲次端文顧先生行狀即請誌於鄒南臯辭曰天生非常人不命之平治天下則命之平治萬世又曰無涯之日自今伊始蓋先生文章學問行誼節㮣卓然特立宇宙照耀古今并有不待誌狀以傳者後生末學口耳膚受何由揣測涯涘是卷為先生丙子領解闈墨真跡文孫仲温手出以示焚盥展視拂拂生氣猶存如窺藝苑秘珍寶色香光令人望而欽慕恭跋數語以攄私衷之厚幸焉

乾隆甲午上巳茗溪後學鄭步雲

敬觀於東林書院依庸堂之左

闈之故老云　先生丙子以前場中試藝畢覆閱之謂不元弗終卷而罷丙子果元文章遇合若㮣券然要之科名以人重非人以科名重今觀斯冊想見　先生之流風垂裕無窮也

乾隆庚寅春後學王一峰拜識

珊瑚碧樹交枝柯字體不類隸與科從臣才藝咸第一詎肯感激徒嬋娟公從何處得此本如此至寶存豈多薦諸太廟比郜鼎經歷久遠期無佗

庚子小春朔同里後學華瑞清拜觀於章安官舍集石鼓歌句敬題

乾隆乙未夏五琴觀於卯兄至山寓丝有厚幸焉謹濯手書姓名於簡末以慶余之遭也

烝砂後學方塘

乾隆乙未夏五後二日過訪　邱玉山先生寓齋拜觀

顧端文公發解闈卷墨蹟棒歸汪氏靜寄東軒展讀數過并錄　名人題跋入之真蹟過眼錄中兩日而畫　款識歲月歸之

仁和後學朱

乾隆庚子仲冬茗溪後學沈光篆拜觀

乾隆乙未五月十八日婁東後學王昶拜觀

自昔名公偉人留傳手蹟寸縑尺素好古者莫不爭先藏弆以為至寶然或求之不必得或傳之不必久甚在子孫能守祖先之手澤者尤未易數數覯梁谿顧氏獨能藏其先世端文公鄉試闈墨至今幾二百年肅容展對古香盎然夫以金石之堅有時而刓而泐而此楮墨之微乃獲歷久常新殆亦端文公精神所寄與清風勁節共垂不朽者已

乾隆四十年春尚湖後學鄒齊然敬識

吾邑　顧端文先生倡教東林接道南之脉為理學正宗其立朝品節載在史冊海內之人無不仰

憶棟高十五歲時即喜讀先生制藝謂有明一代能以大藴之筆運程朱之理者先生一人而已至鄉墨三篇口誦幾及萬遍今得從先生之五世孫鍾珦獲覯闈中遺墨風簷手

止而景行矣此則其發解闈墨
也細閱其真草想見其下筆
時灑灑落落絶無描摹程墨
之習所謂和順積中而英華
發外者也盥手讀之益深欽
佩後之學者欲端士習正文
體以此為鵠焉可矣

乾隆丁亥六月鄒一桂拜書

乾隆元默攝提格武林後學曹君弼拜觀

澤閱百七十年宛然如在此係有神物
護持余小子幸得拜觀雖殘編斷楮
而其筆墨飛舞想見當時解衣磅礴
之概因沐浴盥手而書之

宗後學棟高

先生倡明理學與高忠憲公并
稱儒宗嘗世時諸以不獲大用且
遭黨禍為　先生惜迄今思之無
東林則究理不精無當禍於理學
怨及不著表於名元制藝膾炙人
口世後山往從文孫仲溫齋中得觀閱
此真跡垂二百年墨濤猶新豈偶然
哉老杜云文章有神信矣

金谿後學吳鉞敬題

烝砂後學方塘

乾隆四十六年辛丑三月望日白門後學龔元超拜觀於
台州寓館

族祖端文公與懋先六世祖望岩公道學相尚端文公以大儒領袖東南名震海内望岩公以大儒匿跡銷毅世鮮知者顯與晦一也各行其心之所安而已未幾黨禍大起東林講學舊基荒煙蔓草非名高為物所忌歟然日月之食未久而明又奚傷也惟是公剛直性成數忤執政又屢推不起疑若不欲仕者今觀公丙子南畿發解墨本恍見場屋苦心知公未嘗不欲仕也惡不由其道耳顯與晦無歧趨出與處無殊致豈有絲毫成見於其間乎夫夫賢人君子一杖一舄後人觀之如共球為況公遺墨也哉況吾支祖也哉顧氏以元末失譜往往不相聯屬懋為旱涇支譜元云自錫山遷來又載端文公與望岩公弟兄稱謂五世祖生白公原諱朗端文公改名錫瑺俾遊太學揆當日情事為近支無疑爰誌於後以示來者　乾隆三十年乙酉支孫悳懋敬書

粉纂設科自明初迄今鄉會試獲雋者嘗不下十餘萬卷如太空織雲隨風飄滅而此冊歸於獨存倘有靈威仙人守

乾隆乙未秋七月望後一日巳刻青溪後學方卓然同登姪拜觀于武林邸至山寓室時方陰晦展翫忽然開

之耶科目非能重人人自能

重科目多閱諸朱子云

乾隆辛卯六月海寧吳[illegible]敬跋

靡亦異事也

乾隆四十三年四月下澣蕭山後學汪輝祖拜觀

戊戌九秋仁和後學孫致曾拜觀

余觀明季士大夫抱道忤時者大都放居林埜高難進易退之節也 端文以正直持身少長即有用世之志通籍十四年前後諸疏皆有關宗社惜其言不盡用使不以牴牾執政削籍來歸其經世之略豈僅托之空談按史 端文嘗曰官輦轂志不在君父官封疆志不在民居水邊林下志不在世道君子無取焉則 端文之用志可知矣不幸不得竟其所學退而與高忠憲輩以正學鳴東南徒使孫忠愍終老林泉犀小且被以黨魁之目掊擊無虛日是又豈獨 端文之不幸也今年春 端文文孫省夫余邂逅于華秋槎武林官舍出眎數解閒卷學勉三復之而知 端文之文与 端文之行寔相表裏持歸寓齋與同志者共嗟賞之凡五閱月始書數語以志不朽時乾隆乙未七月十三日也鄞汪後學鄖學勉

嘉定後學錢大昕敬觀于臨海黃明府官舍再拜題

扶經之心褒為舉首斯人斯文金石同壽 乾隆丙午冬十月永濟後學崔龍見沐手敬觀

鵞湖鹿洞皆非古，古者士盡由庠序。到得名山闢講堂，尔時世事亦可觀。執經遠近來流單，絶業斯傳清議在。奸回自知時不容，一網打盡心纔快。鈎黨之毒流無窮，外廷內寺常交通。千秋曾不作叙鑑，罪狀溫公與晦翁。東林事蹟還如舊，翕於人望端文首。頼遭排擊殃衆賢，可歎人亡邦莫救。當其棘闈振筆書，胸臆自然理法俱。科名小事亦關品，至今遺卷如珠圓。小子展觀肅再拜，非為先祖同支派，又非徒為制藝工，曠懷今古增感慨。從來害正是羣奸，冰炭須知兩不完。賢達如逢道消日，退身幸得保身難。

乾隆丙申春分後一日支孫元揆謹題

乾隆丙午冬十月武進後學蔣叙曾沐手拜觀

中流柱，吉光羽，以人千古，此文千古。乾隆丙午孟夏上澣五日武進後學莊宇逵沐手拜觀謹識

乾隆丙午十月朔

後學錢伯坰同弟季重敬觀

理學一糟粕文章百勿靈何況偉表間
塗塗黝科名美哉端文以東林告始興
扶持士氣正撑拄國運傾末流未名盡
君子要與崔魏馬阮爭節義取人空
言耳況復翳冤詩一鳴異時成龍遼尔
許殘煤斷楮至今昭日星秦淮河上
秋風生我嘗至地首轄衡古人得士有
如此安得金錍一刮雙眼明
乾隆戊戌二月下浣敬觀於武林使院因題
南州後學彭元瑞

千佛經中第一人不閱元脈重傳前一
時氣節真無匹蓋代文章別有神提唱
津梁應繡像端凝風度憶垂紳稱香
互浮名賢拜矮屋陳言屐紐新

乾隆戊戌季春朔獲觀　顧端文公闱墨奉敬題

山右後學楊成龍

墨華斑駁名場紙端文昔奉為羔雉采毫吐氣如長虹異
日丹誠視諸此曾閱早歲競二難絜志青雲薄金綺養
心義破趙臺卿舉業固知難限子雪夜偶逐槐花黃小技
亦能覘國士三巴鄒智浙鄭曉與公鼎立唯三耳疾風捲地
鴉退飛東林聚講從茲始流傳夢語詰婁江樹義猶堪振

哀靡定知劉性叢危言膹瀋殘膏盡芳旨矧因抒獻資先
聲五夜心精融燭槖主司浮士洶無媿滑稽湯說尋瞳使百
年光鉞耿三辰文無今古唯其是君不見大書深刻瑯琊碑
小錄姓名山岳峙摩挲墨蹟慎弆藏摭言堪澄劉歐史
乾隆戊戌首夏下澣昌邑後學孫含中敬題

顧端文公七世孫省夫先生出
端文公闈卷遺蹟屬題末學小子何敢厠名其
間抑又有不獲已者蓋前明文風之盛莫盛於
化治隆萬先文恪公以甲午發解于前而公以
丙子掄元於後元燈脈脈可操券 公丙子
以前自以弗元卒弗終場也芬自幼讀公之文
想見公之爲人今得觀其場中眞蹟幸矣而
省夫克守先澤以振家聲更健羨之而有餘
慕是以薰沐謹志數言于末以昭景仰而已
乾隆己亥五月望日吳趨後學王誦芬

乾隆壬寅夏四月錢
唐後學袁枚偕劉
念臺先生五世孫志
鵬同拜觀于華秋
槎明府之臨海署中

乾隆庚子二月朔後學華瑞潢沐手
拜觀於與山之讀畫軒

乾隆壬寅九秌茗谿後學淩廷祉拜觀
於鷗海署之閒存堂

家從高祖竹垞先生言先文恪公遠試卷向藏於家上有明定陵御書第一甲第一名六字筆精墨妙瘦硬通神惜經亂遺失而端文公闈卷獨至今無其手澤，深足羨也端文公成進士與先文恪公先後僅一科比梁汾先生與竹垞先生交稱莫逆輒有倡詶之作今英為梁汾先生元孫奉持此冊至武林畀度觀且屬題英於度蓋輩行適相埒也計明丙子迄今二百又四季矣厠名其間者康熙以来且百又七人矣百世聞風莫不興起心同理同夫復奚疑乾隆己亥三月既望六日立夏秀水後學朱休度敬書

國運淪胥日其如吾道何千秋持亮節一瞬睞魏科學負身前少名歸刦後多荒煙塞后篆歷歷慨消磨

乾隆庚子十月朔秋皐大兄出示世保
端文公闈中遺墨欽慕寸楮玉律金科想見
先生立朝持正不阿言行合一所謂雖無老成人尚有
典型後生實求何敢妄贊一詞幸得拜觀故附
數言於簡右　苕南後学朱樹

理學文章蓋代人風檐遺蹟墨猶新橋
毫有意超元箸懷刺何心謁要津得遇
盛時應大用便居林下豈閒身登堂竊
恨予生晚卷末書名拜後塵
乾隆辛丑夏五桐鄉後學陸敬題

立德立言垂之不朽景仰高山敬書於右

乾隆辛亥仲春錢唐後學屠焯拜觀於
華秋槎司馬之章安署中

憶昔在外家獲見洞陽公參閱手跡其時年僅總角耳聞諸先人端文公
有發解闈墨其後人梁溪先生官禮部時領出家藏欲見而未得見也
茲以歸老之餘於壬寅歲臘乃獲敬觀以補其宿願緬惟前哲人人有高
山景行之慕洞陽公為忠諫名臣自明嘉靖迄今且將三百載端文公理學大
儒自明萬曆迄今亦且二百年而真精不蝕皆手澤如新蓋乾坤正氣所存知
不獨兩家之世寶也已而余私心景仰自幼至老閱數十年乃兩俱得覯以為
深幸謹附跋焉　後學楊潮觀時年七十有三

端文初發解弱冠正當
年奮跡由科舉潛心在
聖賢闡風興百世仰止
識宗傳先子曾私淑長
依俎豆邊先曾祖燈巖先生從祀東林
乾隆乙卯七月之望
秦震鈞謹識

惺弱冠時從事吳興孫後齋夫子夫子嘗以前明顧端文公制藝
諄授每歎公氣節炳日月文如其人也辛丑秋杪惺于華秋槎
夫子臨海署中見公七世孫秋皋先生以公萬曆丙子闈卷真草
遺蹟見示名公題跋淋漓成帙惺讀其文益想其行想其行如
親見其人乃往復之不能已噫江陵權要其亦知公今日片楮點
墨之稱重如是乎越二年復之臨署先生更出命為跋惺自思
小子何知何敢於理學大儒暨諸名公後繆附一言雖然夫人得
於理學大儒暨諸名公後繆附一言亦可以並傳不朽此小子之幸
也有私于心不暇自揣即以斯言敬書簡末旹乾隆四十八年歲
次昭陽單閼畢陬月象山後生錢惺臣

乾隆五十四年十月五日武進後學趙懷玉桐鄉後學金德輿同拜觀於西湖寓樓

乾隆乙卯秋顧君省夫謹出其先世端文公鄉試元墨真蹟示余，余盥手拜觀而竊有槩於東林之已事也。孔子曰羣而不黨，易曰渙其羣，蓋古君子有合志同方之雅，故曰羣；而涉於標榜之私則為黨，故道在渙。自門戶之風熾而國家之患烈，漢之甘陵，唐之牛李，古來以黨既人國者不可勝数。至於明之東林，則首推公為黨魁。顧公之與高忠憲講學東林也，在罷吏部主事之後。當是時公既已廢斥，家居杜門却掃，初非欲藉講學名以樹聲援。迨其後士大夫之負氣節者，悉號稱東林。熹宗朝椓人枋用，其黨著點將錄，藉以掊擊東林諸君子，以是正人無噍類，而明祚亦因之移。然時公已前歿，未罹其毒，且皆非公所及料。故余嘗謂東林之禍非公之咎，而明之亡亦非東林之咎。然人之云亡，邦國殄瘁，君子小人進退消長之機，實關於天心之剝復，而履霜堅冰，有國者之所當鑒。文端公一代偉人，不徒以文章見重，今讀此如見立朝風節。

雲間後學陳韶敬觀

亦君子之所宜預慎也夫有明三百年以制義取士其初皆崇尚正軌斬無戾于聖賢立言之旨自隆萬以降漸講機巧厥後子書禪語盡入時文至於牛鬼蛇神荒怪譎詭士風翕然從之以訖於亡今讀公闈墨道整典則猶想見先民遺榘云

後學秦瀛謹跋

有明三百年取士以制義氣節與文章蒸為一代治門户稍迸庭黨禍靡不至貂璫況繼之斯文幾失墜薛李抗前塵金黃激澆季江陵居肆銓郎署星吏議三人同領解是科北直隸領解劉庭蘭福建領解魏允中與公三人並謇諤不阿印刻斬中秘敬讀端文〻匠草丕一致草與争坐併正〻僻壇次凜〻生氣存筆鋒劇犀利太璞雖不完金鐵亦捅備吾鄉幾社風忠裕並歲歸豈如董香光甘右陶石簣先世文莊公成均陶萬類一朝遽謫行為觸權貴熾慶十二世祖拙齋公以直忤王振由祭酒貶婁陸司馬直道古之遺世澤今猶被什襲歸田詩言純儒者粹奉養怡高堂忠孝兩無媿縣延十葉餘敢忘祖德始三泖迓二泉勉共家聲嗣

省夫學兄以其先世端文公發解墨卷見示謹題五言古二十韻後學奉賢陳廷慶拜書

乙卯春偕弟澄之宦海沙獲文涇陽
先生七世孫英晨夕晤對述古談今言
人善輒津津不置否即為之扼腕且往往
以積厚流光相勖濬竊愧虛擲四十六
歲月無能有所樹立以副其語然心實佩
之夏四月英輕旋里攜　先生遺書來投
贈受而卒讀乃憬然於英之淵源有自
也已復出　先生冠南畿闈墨冊見示并
屬題濬辭曰　先生之所以為先生前人
推闡已盡其致淺學更何從置喙寧
不懼徵雲點綴耶英曰否否不然子何為
者先端文公茲文人人誦習則固人人宜
跋抑余方憾不得予兩先人一題識耳
先伯河南開歸道賜按察使銜愚溪公　先父大理寺少卿亦園公
子何為者濬
曰君言是也遂援筆和墨而書其末
乾隆六十年夏五月晉陵後學周濬敬題

乾隆壬寅十二月既望省夫大兄出
七世祖端文公闈墨本見示　章敬謹展視見海
内名公鉅卿題識殆遍并命識名其末按　公
以壁經中萬歷丙子南畿解首時年二十有三
庚辰成進士以不謁江陵首輔僅得列職郎署
厥後與時齟齬不竟其用退而講學東林毅
然以斯道自任一時正人君子翕然歸之黨
錮事起排斥正學傾陷名流後先蒙禍者甚
烈競以東林為黨魁　先生晦遯靡他淡然
如浮雲之過目譬諸日月剥蝕之後其光愈
顯迄今二百年来　先生之風山高水長當
日之羣起攻擊者正如野馬塵埃隨風消散
嗚呼其可哀已抑聞先世手澤留遺即一楮
一捲摩挲不忍釋矧夫心精所結墨瀋如新
為拜獻之先資者乎凡屬後人宜何如恪昭
世守勉自勤奮也爰拜手而系以銘曰
文章有神達人是出立品致身兩俱第一

非言之詮惟人之傳其光熊〻爛於璣璇慎
守寶矣職在後賢
族孫杏章敬識

乙卯歲余自京都宦遊浙閩所至名
山勝境覩前人名蹟輙低徊留之不
能去至周鑑堂蘆瀝署昭顧君夫
以先世
端文公掄元墨本見示夫公之文傳世
已久光明磊落讀其文可想見其為
人況此手澤之遺考子慈孫什襲以
藏之文人學士觀慕以識之真所謂
不朽者矣
嘉慶元年孟春月滇南台良弼敬識

出處之正理學之精類波底柱千古峥
嵘矧玆手澤拜見先聲外如其中實
大且宏萋斐成羣何傷本明卓哉
端文是經是程
乾隆乙卯夏五顧秋皋先生以其先代
端文公萬曆丙午元墨藁本見示夭末万里得睹斯
盛實稱韋焉謹識數語册尾　滇南後學高展方
拜觀于蘆瀝公寓

江河日下流大道危孤注聖人有憂之筆削昭聾悟釋菜始横經志擬凌霄露青紫
一紆身五色變絲素自非立德人難免熱中慕端文始受知入朝見丰度再起復再
躓媒孽毅當路講學紹關洛直為及門鑄黨獄晚更興連延豈細故益令後世人
低徊咨運數斯人今尚存斯文今未蠹元氣淋漓閒什襲有呵護

乾隆乙卯 滇後學周[illegible]拜觀敬題

嘉慶七年五月嶍峨後學周池周成楠拜觀

咸豐六年丙辰四月敬觀
端文公元卷於經緯堂
七世從孫婿侯桐

風簷執事垂南金一代風華萬口唫絕學孤忠吾輩事亂餘文獻
尚追尋 訓和曾傳待隱園兩家風誼史官存潘聖章徐電發餘
韻垂垂盡獨檢縹緗有淚痕 乙丑十月吴江後學楊天驥敬題

名元三百卌年前遺墨重看一肅然古誼忠肝文信國
從來科第以人傳 國亡士氣未銷沉思古何堪又撫
今一採時丁陽九厄遂無領袖似東林
庚申小雪前三日天津後學嚴修敬題

崇禎國祚昌士氣揚士氣弛國祚析卓哉梁
溪顧端文神熹兩朝第一人洞穿理窟執要
道要南畿丙子張厥軍尔時江陵位首輔公
不私謁通要津立朝排議獻忠藎不負所学
自脂進晚年講道東林閑中以朋黨指黨魁
之蘭刈殺蕭艾盛衆君子盡國点摧誰知白
賁守邛園非立氣節樹系援索流貫禍咎攸
致羅織豈公意中事抑之愈下揚愈高三元
齊名泰三交獨不見晦翁衍心傳鹿洞集大
全慶元攻偽学名点最居先人情消長有如
是天心剝復良昭鑒又不見晦翁登科錄藏
者珍如玉況其風檐手澤真士林傳頌倍精

神士林傳頌信精神總〻士氣千秋振
嘉慶元年季秋月後学汪志伊敬題

曾讀選之書畬崔立之吏部試類俳優辭能從六籍
胠秘鑰有目共覩呈妍媸誰其一編涇陽作厚紙如
繭工裝池南畿發解丙子歲棘闈手迹書傾款此墨
戶誦二百載文章重以人堪師公昔屛謁江陵日凜
凜正氣端其基署名禱疾且追削肯以附和窺恩私
為郎謇諤議朝政公早枋用勢可為姦回司鼎繼再
黜棄厥柱石顛棟榱儉悳辟難大人否聖脉懼絕脩
孔姬道南書院尸講席小心叅樹東林規姚江狂瀾
隻手障程朱道統當闡知介時芳艸衆君子高魏左
右爭扶持天生羣小屋明社羅織朋黨胥交鈹藻唐
兩宋清流禍禍實中國主弗疑小歐陽論人盡讀前
車之覆後復隨是非要從君心辨往古為鑒垂著龜

舉業論中事
已衰行間正
氣尚崔巍公
明末是東林
罪為有書生
作黨魁
敬題
涇陽先生闱卷
墨寶

壞法亂紀無口實除黨一字奚蒙欺小人那肯徇言
事意氣激烈誰感時神熹作謀自虹漬黨魁追咎非
所疵開函卒覽資尚論羹牆猶用致慕思徽國信國
登科錄藏者珪共周尊彝我謂斯人代常有衆不見
容一瞰馳七十子像繆醜記莫須有獄親鍛治聖賢
豪傑貴異世虛名鎮俗相羈縻有如翠禍聚古器亨
鬺失職徒居奇又如山水冒性嗜遇勝絕處愁嶮巇
偁仁說義飾理學蘧廬芻狗心潛訾胡廣中庸叔孫
禮區別精㮰門牆魔英靈呵護有鬼物子孫永寶傳
無期琳琅灑翰志同好先民題跋時流詩重公之文
必學公得公其人敬勿嗤

嘉慶元年歲在柔兆執徐寎月

後學長洲袁日新敬題

丁巳九月

後學梁啓題

乾隆六十年乙卯元炤在梁谿獲睹顧端文公族孫晴沙觀察叩端文軼事觀察言高忠憲師事端文端文疾作忠憲日侍疾端文臨終執忠憲手字謂忠憲曰存之人而不仁疾之已甚亂也遂歿元炤以此事不見於它書故論東林者不免有遺憾於端文謹以觀察之言筆之後觀雜言中安茲來梁溪獲讀端文鄉試墨卷真蹟乃其曾孫梁汾舍人於康熙中得自禮部者其家寶藏勿替元炤從其後嗣借觀即以觀察口述軼事識之于後以明前賢未可輕議觀察出負下世追理緒言昔如前叔回思疇昔之雅又不勝存歿之感也

嘉慶三年戊午上巳日之末錫安後學嚴元炤拜手謹識

嘉慶元年暢月通海後學董健敬觀

右無錫明顧端文公鄉舉第一墨卷七世孫名英携至武林獲觀于西湖〻德生菴華司馬寓公文章氣節載在國史題咏甚衆嘗見文狀元震孟及吾宗　文介公殿試卷與此卷留傳名臣墨迹俱至寶也舊時校士以表判令習諫入安不足付托幕僚揩陵廢〻同里後學孫星衍書

制義仿唐人帖經解首端合推國士南豐特起涇陽公萬歷紀年回丙子撤闈匯墨人爭傳元精耿〻奎璧躔萬口流沫稱未已至〻手蹟餘雲烟一波一磔間行草郵帋如新者完好裔孫什襲二百年流傳〻執〻菀詩鴻寶先生風節屹如山一鶚力薦鷺朝班頓觸

沸羹遂落職都門誰送懸車還東林講學貫
倡首生擁皋比集勝友雖值閹豎亂天綱蚍蜉撼樹
亦何有乃知文章自有神一卷要極璠璵珍肯鱣丸
公始不朽豈尋摭槃懷鉛人
嘉慶丁巳長夏敬題
端文公南墨元卷後
華亭後學紅蕉花農張鏡蓉拜手書

士人讀書貴立品文章吐焰標奪錦先生拜
獻志忠盡立朝尚足扶國運江陵齷齪莫能
害東陵設教豈所願嗣茲黨禍橫逆興人亡

宗社遂不振白星晦冥數十年狂瀾既倒郙堪問祗今韓魏泯蕪聞公出匹氣常生存風檐文卷手澤在神鬼呵護撐乾以前朝科名稱盛事闈墨充棟殊紛綸大空織雲倏起威縱令完好奚足云公之光明媲曾公此卷一如爭坐稿公之薪傳接考亭此卷一如註書艸間風頑廉懦亦立小子展誦大有造積厚深光到我朝五古聯元譜可考吉光片羽即其裝世世傳之以為寶鳴呼平泉之石魏公笏留遺子孫且永保

嘉慶丁巳長夏日敬題
端文公闈墨元卷後

鄉後學侯烈沐手謹書

嘉慶七年秋九月臯繇京師假歸謁涇里 先祠拜 贈公及 四大人像復從小心齋請 端文公像至城裝池而肅拜焉翌日復拜送還齋中又從齋中携涇臯藏稿初印本共二十二卷伏誦數過自忖學問經世之道憯然因識撫抱遺編恍惚如墜茲 省夫兄適從臨安携歸 公元墨遺卷又得肅拜覽誦嗚呼制義一日不廢 公之文表式萬禩可也顧 公之表式萬禩者豈直在科名文字而已哉數百年来有志之士咸知景仰先烈儀企風槼而為子孫者倘不能束身砥行妄自菲薄豈得謂為 公之子孫哉嗚呼是則可懼也已是則可惕也已七世從孫臯敬識

光緒乙未秋八月造謁顧春巖姻世丈論及東林書院事而吾丈出其先代 端文公萬歷丙子元墨藁本見示後生小子得瞻斯卷曷勝欣幸 邑後學陶世鳳拜觀於理學名儒第

吳縣後學蔣炳章拜觀

天之生才將以明道也付以蓋世之才必有不易之言以成其德而著非常之功故人之贊美前脩景慕風旨者翕然曰古之人立德立言立功已如是也尔烏知夫道濟其才則言以行德而其功著不濟則德寓於言而其功益著也哉嗚呼難矣而在後生小子繼而承之步而趨之為尤難　嘉慶二年長至後三日滇南後學夢巖任澍時敬觀於螢川官廨之望海樓

理學大儒文字歷經國初諸先正題品自揣涯分安敢妄贅一詞有點名蹟正襟展誦之次幾莫名今世何世今人何人今學何學也噫

太歲上章涒灘孟冬月壬午長洲章鈺謹記

涇陽先生道德文章天下共仰無待後生小子更事闡揚獨念先生去今三百餘年時更兩代賢裔猶能于滄海橫流之日舉先生遍徵題句真寶重殆非尋常所及者是知吾道固在天壤先生之遺澤長矣　丙辰四月海虞後學邵松年敬識　時年六十有九

第三行先生奪遺墨二字

龜山嫡派東林黨魁弌編遺墨歷劫不灰董策天人蘇論刑賞明三百年此其嗣響

民國夏王頌君出視涇陽先生遺墨遺蹟景仰之餘敬題數語　上海後學朱孔文

庚申中秋後學楊春灝敬觀

辛未十月朔邑後學曾銓拜觀

同治甲戌三月綸奉檄權梁谿篆以東林為　顧高兩公講學舊地表章前賢誘掖後進固有司之責也於是約集諸生於依庸堂月會一次以脩明　兩公之學半載以來知身心性命之旨者頗不乏人蓋此理之具於人心者固未嘗一息之或亡乃一經提撕而遂勃然以興又未始非　兩公之教澤所遺流者遠且神也頃聞　端文公裔孫春巖茂才出　公闈卷囑題見名公鉅卿如林佳製無不景仰欽承然　公之文章氣節久昭天壤何庸更贊一詞而觀此吉光片羽以想像其下筆時抒寫平生之抱負而異日立朝之大節即於此基之矣巴州後學廖綸謹識

吾家舊藏萬歷丙子題名錄見者詫為罕觀頃碩耆椒生北來出視端文公是科領解原卷令人肅然生敬茲觀及後深以附名簡末為榮矣

丁巳九月　武進莊蘊[illegible]

觀以學術文章於此卷殘楮管中窺豹之一斑然而蔚然君子之文矣

後學江謙拜觀［印］

先生以講學扶持一代正氣雖科場文猶弈、可見今安所得如先生者而後扶持之讀者其有同感乎

中華民國四年十二月　後學黃炎培跋觀［印］

東林之風遠矣此科舉遺
墨寧足竄神龍鱗爪耶
顧文字往往以人重人心者國
家之元氣也明代士夫以氣
節見重當世者以蓋與漢之
東京比隆故明社屋而中
華卒不亡此誰非講學者之

賜謚見人心未死之效撫今追
昔哉不絕於余心
中華民國四年十二月二十四日
後學沈恩孚敬觀

文治幼讀涇陽先生小心齋劄記心篤好之謂可與景
逸先生語錄並傳有明一代陽明先生而外即當推崇
高顧二家之學大學曰定而后能靜靜而后能安周子
曰知靜立人極靜之為功大矣哉易曰復其見天地之
心靜之謂也涇陽先生之學得其旨矣壬子之春遷居

無錫私心竊喜得居賢者之鄉也一日顧君彬生携先生墨蹟見示敬謹展讀則其鄉闈發解之卷爲肅然起敬者久之禮曰陳其宗器設其裳衣彬生表揚先代之意孝思彌遠有足多者嗟夫近世以來士習囂張志溢於中氣浮於外求一沈靜向學者渺不可得世道偷張更不知伊於何底得先生之學以鎬之庶幾其有補乎庶幾其挽此狂瀾乎而以文治生平私淑之誠德行無所成就迺濫名於卷末既撫衷自媿則又俯仰身世低回而不能自已云乙卯冬月鄉後學唐文治敬題

民國五年六月十九日張謇以事至滬先生裔孫彬生君見示乃獲敬觀

明神宗萬歷丙子至今三百四十一年矣
神州興替若一刹那事天留此鴻寶浔
賢裔孫珍護歷不容劘滅末學譾陋幸獲
展禮足誇眼福雖世變愈棘不覺憂思
之一釋也 第三行脫刦字

丙辰夏四月 虞山後學俞鍾穎謹識 時年七十

昔有持科舉不壞人才論者得觀此卷將益堅其信然科舉何嘗不壞
人才惟宏毅之才如端文公者能不爲科舉所壞則尤吾人所崇敬者
耳中華民國六年八月三十日敬讀顧端文公閱卷有感因書之 蔡

風雨天地晦變幻在尺咫愛來無窮期命酒澆塊壘醉卧不復知友來乎我起示我
端文寶墨貴比周簋長跪展讀之感觸愈雖已憶年十六七塾此瓶翻水其時習舉業
五經廿四史黃金擲虛牝浮名空復爾悔作海外遊已逾三十矣以此長期間專攻新學理
必有所發明追踪德與美何渠不若漢一區區諸博士倘學海陸軍戰術究正誼五色旗
飄揚加入歐戰始畢晚興敦僅霞飛供驅使庶幾揚國威以光中華史而今竟何如隱隱
顙有泚內憂且日亟誰非一命士實學不預儲誤習雕蟲技應變乃無才負國負我耳念此
悲填膺寧忍再披視展書醉中言持以報頌子

中華民國六年六月敘題時距辭散國會三日也吳江後學錢崇威拜識

於戲有明之季政亡教未亡也是以一時士夫雖場屋制
義猶有清剛之氣先正之軌范其斯乎皆講學之功歟
觀先生遺墨益瞿然審國之存亡教之不可廢也如是
而任其責者可以奮然而興矣 丁巳七月嵩山方還敬題

東林崔魏不兩立天啟亂乃愈萬曆叔時存之

皆人豪千秋正氣歸無錫端文逝後遺墨存

倘是寶璽過拱璧尚書經義聲琅琅點孔崇

蔡出以持龜山道傳山三易觀精誠貫此數川

墨吾鄉無間亦健者力抨魏璫被羅織逮討

菜歸小蘇齋 小蘇齋為吾鄉秦蔭屏先生讀書處亦吾蘇齋弟子也 淋漓血淚墨花

溼正此真成璧合子我欲臨摹鐫以石東林講

學豈重談因由揮毫無虛日忠憲沈淵從屈平

天相端文脫罟貿楊左前驅周當從道悵主

人奮死力果出毒鋒竟至此禍唐一李卑秘惜
龍往于玉立黃正賓亦好事坐使兆魁作口實端文
心跡揭日月光明豈為風霾累復社再興君
子孫緬悼前徽敬歎注

丁巳八月　　後學林紓拜題

世有謂黨禍之以澄國者竊歎於今
日政為黨至孰敢不信非黨為害也無
學術道義以先之無正人君子以領袖之
斯黨害至于故明亡不能歸咎東林而
先生永宜為天下後世黨群範邑浣昌學師

其文卿　丁巳九月　泰州後学凌文淵

顧端文公講學東林一時蔚為風尚故明季氣節之盛震鑠古今自來聖賢魁特之士固貴能自樹立以轉移天下挽迴世運為己任不以困躓險阻易其夙心昔孔子作春秋孟氏距楊墨韓愈闢佛老皆此志也今世民德之墮落士習之卑汙不知視端文當日何若然藩籬蕩決道術幾為天下裂矣士君子處此要當引為己責豈得以衆濁獨清付之太息流涕而已邪百世而下聞端文之風猶將奮然興起況當世道波靡之日覩公手澤楮墨猶新有不凜然礪道義之肩者哉　公裔孫彬生先生出視此冊囑為題後將付石印以供世覽吾知此冊固不僅顧氏傳家之瓌寶抑亦斯世起癈之針砭也中華民國六年秋節日肅甯後學劉春霖謹識

前明從奄豎毒禍踰漢季政圮天維傾苟延復何冀涇湯挺舵
運闡道殉夙志學説衍孟軻小心獨樹義流風盪烈熖熾黨加
以罪國亡才不亡重賴扶氣類遺卷想生平悠悠千聖寄今存
人道誰但解仇制藝　丁巳冬日陳三立謹題

通籍先攀桂一枝遇唐歸老鬢成絲東林氣
節閹明社懸娩江陵説掾時　文戰南都迹已陳
小心齋汝墨猶新　吉光一羽年三百畢竟
科名大有人
民國七年六月丹徒後學嚴松年敬題

幟樹東林弁冕新論文已復冠群倫元精耿耿徹終始不作人間第二人
元氣淋漓筆一枝凜然風節眞初基不屈不謅江陵相想見垂紳削牘時
科目久為才士梏甯知科目限才難千秋正誼存斯卷莫作風簷燦墨看
掩卷重焚一瓣香鄉關回首慨滄桑傷心只有東臺月猶照羅山舊講堂

民國八年暮春後學湘鄉彭熙文敬題

東林一脈砥頹輪直指真源勘性真古墨一編光瀾史冊陵兩部本殊倫 昔人論東林為終是東漢黨錮中人物黃南雷力斥其非
車未遂澄清志道統終傳閩洛薪 先生學術淵源考亭
賢裔文孫勤繼述錦箱玉軸復家珍 極論陽明無善無惡之說為末流之害

己未季夏上海後學朱光杼槐敬題

源下脫一頭字

吾鄉三百年文獻舊德先疇溯涇陽佳節
又從愁裏過與誰開卷話滄桑
沈沈鐸院墨猶存以涵雲飛仰古魂一綫斯
文寧繫此卻於海外覓真原

昆寅東林識三島叔先生於二杈學舍崇

頃見有顧高二公遺書覺東林遺風古今未遠先生治陽明學及門弟子凡七千人與余唱和詩有漫稱今日姚江亞聊效千秋洙水流之句想見其懷抱矣

三句

庚申重陽為
顧先生彬生題其
先德文端公遺墨錄呈 商是

若冷不堪入冊 一笑付火可耳

東林爲顧端文與高忠憲諸公講學之地 觀岱過
之未嘗不肅然起仰止之思今觀是册其仰
止之思當何如耶八股爲世詬病何況今

日而公之遺墨獨可寶蓋此人亦不知
所勉哉
庚申夏正七月六浣邑後學吳觀岱拜觀敬題

曩讀高忠憲公東林對話時筆錄佩公忠心愛國不
畏權奸為之肅然起敬近自新疆歸里又獲覩顧端
文公闈墨深感端文信道愛國之誠自勉已然當公
惠泉講學嘗虛首席以待忠憲者數年之久論其德
器不在忠憲下年亦長憲十二余覺兩公遺墨不僅
吾邑之寶實吾國之至寶也他年國家鼎盛定能藏
之名館付之影印以廣流傳展卷肅此以懷
共和元年中秌 華閣薛端性敬識

明鄒期楨輯東林諸賢言行錄首
端文公次高忠憲錢啓新羣元臺顧涇凡許靜餘陳筠塘
安我素劉本孺華燕超共得十人而各系以贊或抗節大
廷或潛修闇室東林之直聲浩氣焰燿千古顧一時論者
多推崇忠憲謂可俎豆瞽宗而不知忠憲之學皆原於
端文也今攷
端文所著涇皋藏稿中如小心齋劄記東林會約商語
還經錄證性編諸種精深奧博析理入微較諸高子遺
書固未可遽為軒輊蘧廬風雨洄溯淵源忠憲有知所
當俯首謹再拊誌於此以質後之尚論者

庚申春莫後學韓兆鴻敬題

往在濟南圖書館獲見朱子所書屏幅真蹟有宋去遜清末造七百餘年而錦裝玉軸墨瀋猶新典守者寶之重其人也　涇陽信道之篤衛道之勇不後於紫陽其風格遺墨卒賴賢子孫掇拾補苴俾得流播人間照耀千古天心之所愛護與人心之所仰者知必有在矣敬書數語以當瓣香

庚申八月邑後學嚴毓芬拜題

涇水壻鄉廿七年傷離感逝兩泫然豈期留滯京華道洗眼重看未絕編　理學名儒宰相才蕭然下野世堪哀三條燭燼千年在祇見光芒萬丈開

光緒乙未謁外舅　春巖先生於涇里出示此卷因得

拜觀閲二十七年冰生四弟携卷至都再出展覽謹
題兩絶
民國九年十月十世孫增孫　請圻拜觀謹誌

言為心聲自古尚矣鄉賢遺墨至可寶貴矧為端文公之元著所以模楷士林進文於
道者有明叔世士大夫氣節之盛輝於前代未始不由公之文章有以樹之風聲也是
以斯卷之留遺人間殆天之有以警後世舍道而言文不知禮義廉恥為何物
者歟明清三百年來紙墨完好光采爛然在顧氏善守先澤固為難能可貴抑
亦見吾邑文獻之關係正未可以科舉文為小道而忽諸語曰文以載道竊謂道
雖不能以文為括而文則可以道為歸然則斯卷之貴重蓋文所在即道所寄也
東林一脈光燭牛斗真希世之珍矣謹跋數言以誌景仰且為今日一般乃心利
祿而言不顧行者下一鍼砭
邑後學侯鴻鑑

共和九年十一月彬生先生同車至京師出此冊屬題展覽數過謹

庚申之夏　碩君彬生過訪出示其
先德端文公闈卷名賢遺墨光氣長新展卷書此用誌景仰
江陰後學陳經謹識

羣言厖雜詁儒巾南斗耆英迴绝倫
鹿走河山重轉刦雞鳴風雨獨懷人
雄文枚馬光芒炯黨籍膺滂血性真
名德自應昌後葉傳家有集勒貞珉
庚申冬日階青俞陛雲敬題

君子固無黨千秋德可薰趨趨元
墨在其奈喪斯文
破卷豈為寶掄元何足論道高山
嶽重精氣滿乾坤

桃生先生出其先世　端文公闈卷元墨屬題
檢視則衆世名人題者不知凡幾而　先曾祖司寇
公亦有題在小子敢多言哉綴三十字以誌欽遲
庚申良月鄉後學秦郊裴拜觀并題

右爲明顧端文公鄉試發解墨卷。癸亥十月，後生趙陽葳道出梁谿，公十世孫彬生屬爲題記。公與同邑高忠憲公頡頏東林，其姓氏如河嶽日星，何待末學一辭之贊？姑記兩家三百年來文字交情，有爲彬生所不甚知者。萬曆戊午，先憲副嵩少公與公次子與沐同舉應天鄉試，憲副闈中朱卷及崇禎戊辰殿試卷，今並存吾家廟中。崇禎丙子，先司李策武公應制金陵，與公諸孫子方數爲大會。丁丑，司李過梁谿，與子方及陳定生、吳次尾重訂心交，有倡和詩合刻。己卯，與子方遊秦淮舟中，子方撚髯長嘯，聲震棲霞。後與侯朝宗、定生、次尾作留都防亂公揭以逐阮大鋮，後幾得禍。辛巳，司李省覲衡州，再過梁谿，與子方及馬文肅公詩酒流連，文肅子方璧字方西、公子黜庵咸有贈詩。及回赴陸家周氏觀周定卿自譜夢中圓新劇，子方忽大哭失聲不能自以冒李覘之子方云浩氣真然充塞胸臆不自知其所以然也別五十里子方又書西陵嘯笑詩以寄後三十七年為康熙丁巳子方父子早死節覺卿子姪負兹友並同客吾家水繪友並皆誦子方舊詩不遺一字冒李於是有追和子方父子及文肅之作又明年戊午冒李遊吳門 公曾孫梁汾典籍有過從翁年伯吳門寓齋詩冒李後和之詩刻巢民詩集及同人集中廣生曩宦京師與 公裔孫梅梁舍人時相過從今又得識彬生讀 公名文海內縱不勘名流若如廣生之樸姪、譚西代戰閣西家遺可政恐不易多得也

年家後生如皋冒廣生敬記

當年餘技擅文場，四百年來墨瀋香。魍魎何能欺止水，瓊瑤無恙歷滄桑。文章繼未銷鋒鏑，浩氣猶堪整紀綱。展讀幾回饒眼福，好同拱璧永珍藏。

庚申冬月邑後學蔣士松拜觀敬題

東林氣節興亡遺墨猶爭日月光二月春風慧山麓萬梅花下拜涇陽

民國十年三月十二日　後學韓國鈞敬題

郁郁制義體至今已湮絕斯
道愴墜地此憾誰與雪端文
炳遺墨南畿第一人卓哉五
百年光氣耿如新公之斯文若
元氣豈等尋常制舉文孔鼎
湯盤鬱奇古後之孫子同其珍
摩挲呵護壽金石涇皋光燄億

千春

辛酉秋月邑後學李瀚敬題

涇陽君以制舉名也遺墨艸艸為之所珍如此文士有真宗堂有正鵠今之妄託高顧者豈勿戒惜後之視其若作為不得比于涇陽之帖傳也民國十一年壬戌夏秋章炳麟識

手澤流傳四百年世家喬木尚依然東林俎豆荒涼淺久猶有元燈付後賢

邑後學楊壽枏敬題

不是處不幸而為逆閹所屠割此自開眼之筆數于 端文何損朱子于東漢黨錮諸賢有譏無貶世奈何以逆閹之禍歸咎東林乎而又曰明亡于東林是猶縱逆閹荼毒東林不盡也孟子曰無是非之心者非人也癸酉七月無錫彬若仁兄出示 端文公鄉試第一原卷 國初以來名人跋後張遹 端文日月也區區

敲门磚何足為公輕重然見者莫不肅然致
敬乃知人生不朽固自有道不在文字間也
後學錢振鍠敬跋

庚申中秋 汝梅奉檄權錫篆游東林想見
顧端文公與高忠憲當日講學之風輒深嚮往
茲承 彬生先生出示
端文公闈卷墨蹟囑題其後展觀琅琳肅然起敬
文以人重益信有徵爰泐數言用誌景仰 彬生
先生為
公裔孫能寶此冊其孝思尤不可及已
民國十一年十二月玉田後學趙汝梅敬題

四百年前發越文渾淪元氣至今存東林一
脈自千古不以名魁黨籍尊來
七君子內繆文貞朱卷遺留同氣聲我亦薰
香肯題筆老來眼福幸脩成

癸酉清明節　邑後學楊志濂敬題

文章一代選氣節萬古存北
闕辭歸後東林講學尊
豺狼當道路麟鳳避郊原

四百年前乃返思欲影魂

甲戌夏四月客惠山

泐生道兄以其先世

端文公元卷屬題勉賦五律以誌景仰

高郵王蔭之

手澤留遺三百春滄桑端不換家珍東林

氣節真千古豈獨文章第一人

己卯元宵節邑後學孫肇圻敬題

東林講學公為首（有清一代談東林系
統者均稱高顧非事實）氣節文章
更高絶倫備問卷中詩詠客幾人能不愧
先民

民國辛巳三月彬生先生携示法冊敬題一絶

芑汶学裘可桴　時年八十有五

宋文文山以射策第一人及第考官王應麟評其
文曰是卷古誼若龜鑑忠肝如鐵石敢為得人賀
文章足以瞻氣節由來尚矣有明顧文端文公氣

節為有明一代冠冕釋褐後以忤權要於朝歸而
講學東林復為無邪所擠而安於野困頓顛躓
而志不撓氣不衰可謂百折不回者矣公於萬歷丙
子科發解南畿後生少子於公之制義大都耳熟能
詳若公十世孫彬生仁兄以家藏之墨見示但覺數陳
事理如古奏疏之言為心聲其中之所蘊蓄可知矣雖見亡
於一時卒垂聲於百代也其立朝氣節足與文文山相頡頏惜
當時無王應游其人能識之於先爾人固不易知之人亦
不易豈不信然歟　落不若二字

壬午八月後學張啓後敬題

依庸堂記分明在，當日何嘗作黨魁。講學十年虛
首席，書丹猶待孟翁來。萬曆廿四年，於講學惠泉之上虛首席，以待涇凡先生。請填入高存之卅五年請文
震孟書丹刻石，見依庸堂記及先生年譜。不扶衆非排異類，只仗獨是結同心。數
行絶筆湛吟味，端禍詎因鑴激成。時局彌縫宜劑而平之，大都至急於主張獨是，不若急於扶摘
衆非；至急於聯屬同心，不若急於翦除異類。乃先生致前句許若友人書中語。政事文章皆第一，如公卓行
更無儔。一編留得遺型在，百斛龍文孰可扛。隆慶四年，先生補邑
庠生，縣府試及院試皆第一。萬曆二十年舉公廉，爲天下推官第一。見年譜。
中華民國三十一年歲次壬午首夏芒種節宗復學盥敬題

纔展風簷卷，鎖秋闈，鎔經鑄史，毫端驅遣。猶有文光斗射，滿箋墨
花青滴。錯錦繡，縈絲抽繭，一代儒宗。閲世運，東君王終底，知公淺乎
生意發芳辰。　行藏用舍，何求顯，啓東林，動心已負，乙科銀扁以為
乾坤扶正氣，卸恨盈廷鷹犬，欲端禍覆巢難免。公自千鑠宗社屋

念良哉肱股虞漢典殷鑑丕不寧翁

顧端文公鄉試墨卷承裔孫彬生先生見賜並囑題長短句公之言行彪炳日星後生小子何敢妄贊一辭率依梁汾先生彈指詞中金縷曲卷字韻謹譜此解以志景仰

彊圉作噩季夏之月 邑後學秦彥劍拜觀敬題

亦曾橐筆侍鑾坡少作精嚴故不磨科以人重科亦重滿襟清淚渡黃河秀出東南筆一枝科名掌故百年知網羅文獻今儔英生我三熏三沐之

集定盦句丁酉七月

鵝湖後學華振倩翔甫敬題時年七十又九

右寶琛十世祖端文公闈墨卷子按明萬曆丙子迄今閱三百八十餘年歷劫滄桑尚留天壤吉光片羽殊足珍貴鄉舉取中試藝例存禮部非落卷之可以取回相傳明清鼎革之際內藏圖書檔卷散佚於外端文後裔有仕京朝者於宮墻殿角亂紙中檢得是卷懷藏於家已少有殘缺七世祖梁汾公慮其失散因裝潢成帙乾嘉以來海內名人題詠殆遍先大父刑部公先君春岩公迭遭喪亂在流離顛沛之中必隨懷此卷而行他物可棄而此卷視之如命惟恐稍有損失敬謹守護垂為家誡卒能保存於今寶琛曩遊京師復出此卷廣徵當代名流題識非科名是重蓋端文氣節彪炳寰宇故歷世而愈增其聲光也茲逢盛世稽古右文江蘇省

當局得閱此卷許為付印以廣流傳並將原卷供献省博物館陳列俾關心文献者得資參證寶琛竊喜先德潛幽一旦獲彰爰編次題跋附之卷後並綴數語以誌慶幸云

公元一九五七年八月十五日

十世裔孫顧寶琛彬生跋於歐浦寓次 時年七十有八

附　涇里三房世系圖

無錫顧氏大統宗譜　鷟支麟派夔分學文　涇里三房　支線圖

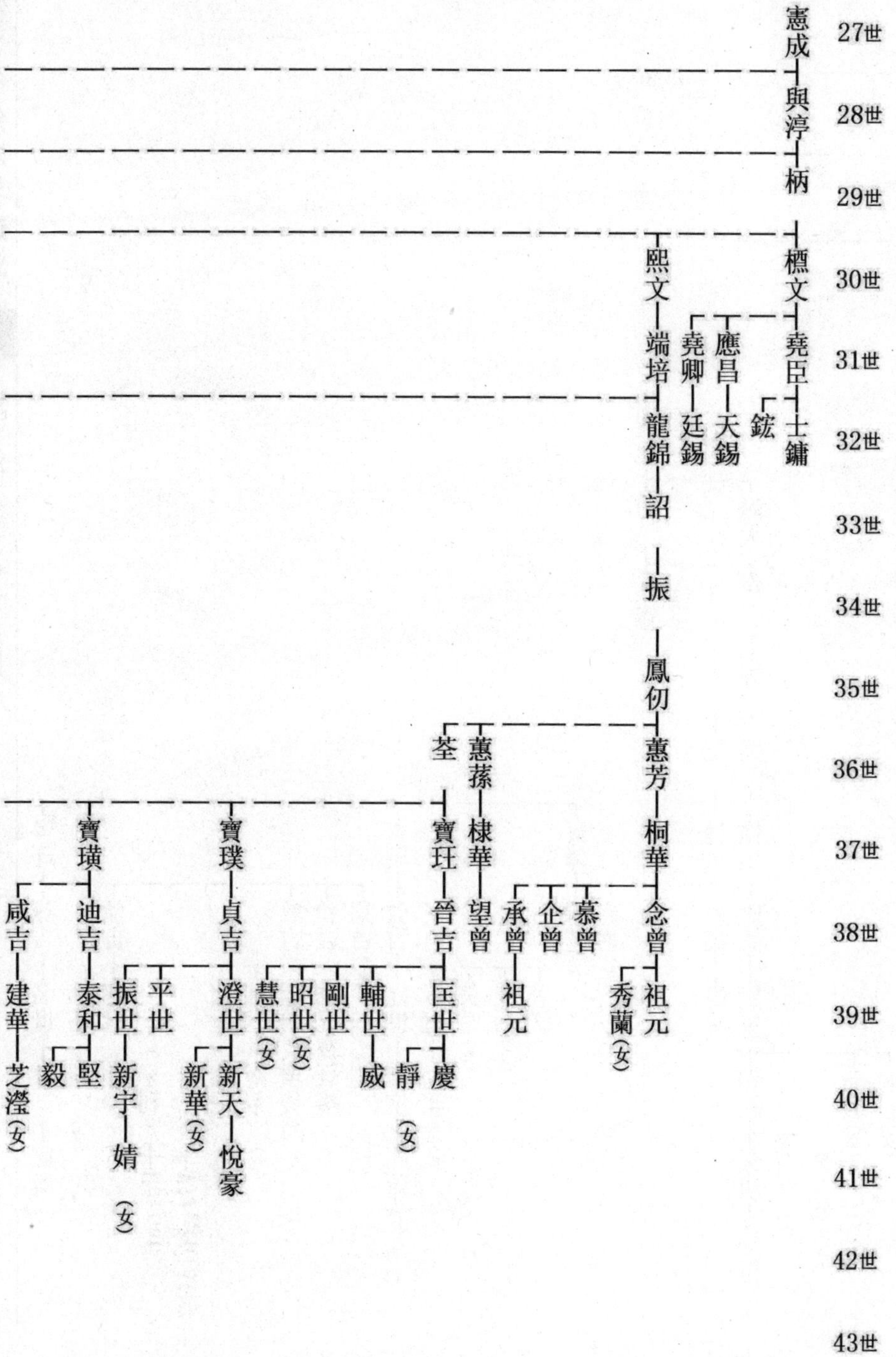

27世 28世 29世 30世 31世 32世 33世 34世 35世 36世 37世 38世 39世 40世 41世 42世 43世

- 燮文（30世）
  - 元墀（31世）
    - 鍾珩（32世）
    - 鍾璜（32世）—楚望—廷松—文炳
- 龍見（32世）
  - 汾（33世）
    - 文錫（34世）
    - 金芽（34世）
    - 梓—煌—型—懷生—賡榮—鳳笙
  - 滋大（33世）—梓—煌—型—懷生—賡榮—鳳笙
    - 瑞錫（40世）
      - 奕明—知聖
      - 奕紅(女)
      - 奕正(女)
    - 瑞珍(女)
    - 瑞芬(女)
- 寶琛（37世）
  - 謙吉—名世
    - 慷—宸傑
    - 愷(女)
  - 鼎吉—建世
    - 宏世（亨利）
      - Hernan
      - Virginia(女)
    - 康世（康尼）(女)
    - 寧世（南希）(女)
  - 敦吉（嗣弟寶瓚後）
  - 晉吉（嗣兄寶玨後）
  - 兌吉(女)
- 寶瓚（37世）
  - 敦吉
    - 經世—廣宇—熙蔚(女)
    - 緯世—Jenny(女)
    - 美端(女)
    - 美怡(女)
    - 美紅(女)
- 寶璋（37世）
  - 潯芝(女)
  - 芸芝(女)

27世　28世　29世　30世　31世　32世　33世　34世　35世　36世　37世　38世　39世　40世　41世　42世　43世

鍾瑤—應斗—廷樑—文燦

元陞—鍾琪
鍾琳

天挺—元址—龍振—祚衍—承樸—陽春—祖德—宗球
青毓
德相—祚衍—承樸—鳳明—祖德—宗珮—勤星—志榮—立成—馨鈺(女)
志偉—立嵩
儉星—志仁—彬彬
志達—博淵
寶星(女)

煦文—勤墉—蒼鈺—濟世
濟時—松年—光宇—錫璋
錫瓚
俊
蒼鈷—濟民
勤垣

默文—繩遠—鍾英
經遠—鍾英

衡文—奎光
榮祖

榛—靜觀—正域—金式—師汾—孟梓—烔—頤貞
頤吉
煚—頤昌—壽培—汶—瑞熊—希煒—一富—元興—翔
振煜
依芳(女)
言吉
鳳珠(女)

27世　28世　29世　30世　31世　32世　33世　34世　35世　36世　37世　38世　39世　40世　41世　42世　43世

- 法端
- 法祖—玉閬
- 法高—月閬
- 正垣—南金
  - 天祿
  - 鳳池
- 金章
- 師濤

- 瑞雲
  - 希烈—亞軍(女)—悅游(女)
  - 希杰—榮軍
    - 文博
    - 瑤(女)
  - 錫軍(女)
  - 亞萍(女)
  - 曄如
    - 興無—敏(女)—芯悅(女)
    - 立新—淼(女)
  - 鐵如—晨(女)
  - 煒如
    - 振宇—梓瑤(女)
    - 蘭(女)
- 瑞蘭
  - 玉如
  - 建華(女)
  - 明華(女)
  - 明毅—璞—以勤
  - 明力
    - 旭—旦
    - 曉
      - 軒
      - 靚(女)
    - 強—柯
  - 明霄(女)
  - 明雯(女)

附 涇里三房世系圖

27世 28世 29世 30世 31世 32世 33世 34世 35世 36世 37世 38世 39世 40世 41世 42世 43世

榮—法文

嶅—端圭—錫晉—景洵

錫晉—智鴻—樹善—讜—元吉—光國

智鴻—樹義—訒—平—魯—毓茜(女)

樹義—詩—顥—冠華

詩—城—冠華

樹義—誥—鵬—新華—藏知—淵淵(女)

藏知—青(女)

新華—音知(女)

新華—希知(女)

新華—未知(女)

錫範—信鴻—樹德—讜—元吉—光國

錫卿—玉海—樹忠—謹—鵬—瑞華

錫經—玉海—樹忠—謹—鵬—瑞華—仰知—樸—恬(女)

瑞華—琴知(女)

瑞華—銳知(女)

瑞華—言知(女)

鵬—鳳華(女)

錫綬—富潤

錫紳—昌源

甲觀—遵陸—顥銳—亦清

高墉—鼎鉽—射斗

鼎鉽—承源—傅霖

承源—尚霖

鼎鋐

鼎鉉—兆麟—文育—嘉鴈—梅春

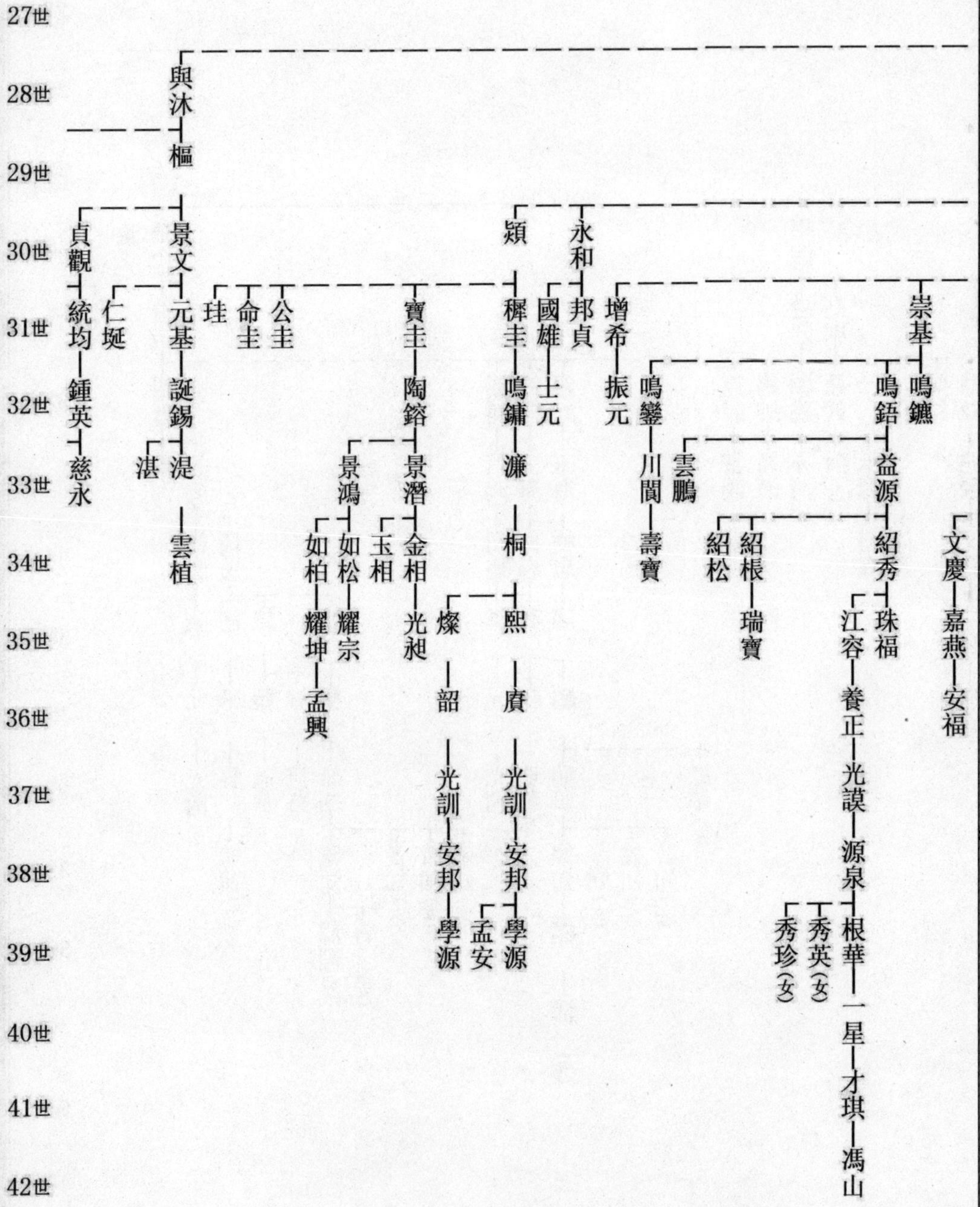
27世
28世
29世
30世
31世
32世
33世
34世
35世
36世
37世
38世
39世
40世
41世
42世
43世
崇基—鳴鑣
文慶—嘉燕—安福
鳴鋙—益源—紹秀—珠福
江容—養正—光謨—源泉—根華—一星—才琪—馮山
秀英(女)
秀珍(女)
紹根—瑞寶
紹松
雲鵬
鳴鑾—川閬—壽寶
增希—振元
永和—邦貞
國雄—士元
頲—稺圭—鳴鏞—濂—桐—熙—賡—光訓—安邦—學源
孟安
燦—韶—光訓—安邦—學源
寶圭—陶鎔—景潛—金相—光昶
玉相
景鴻—如松—耀宗
如柏—耀坤—孟興
公圭
命圭
珪
與沐—樞—景文—元基—誕錫—湜—雲植
湛
仁埏
貞觀—統均—鍾英—慈永

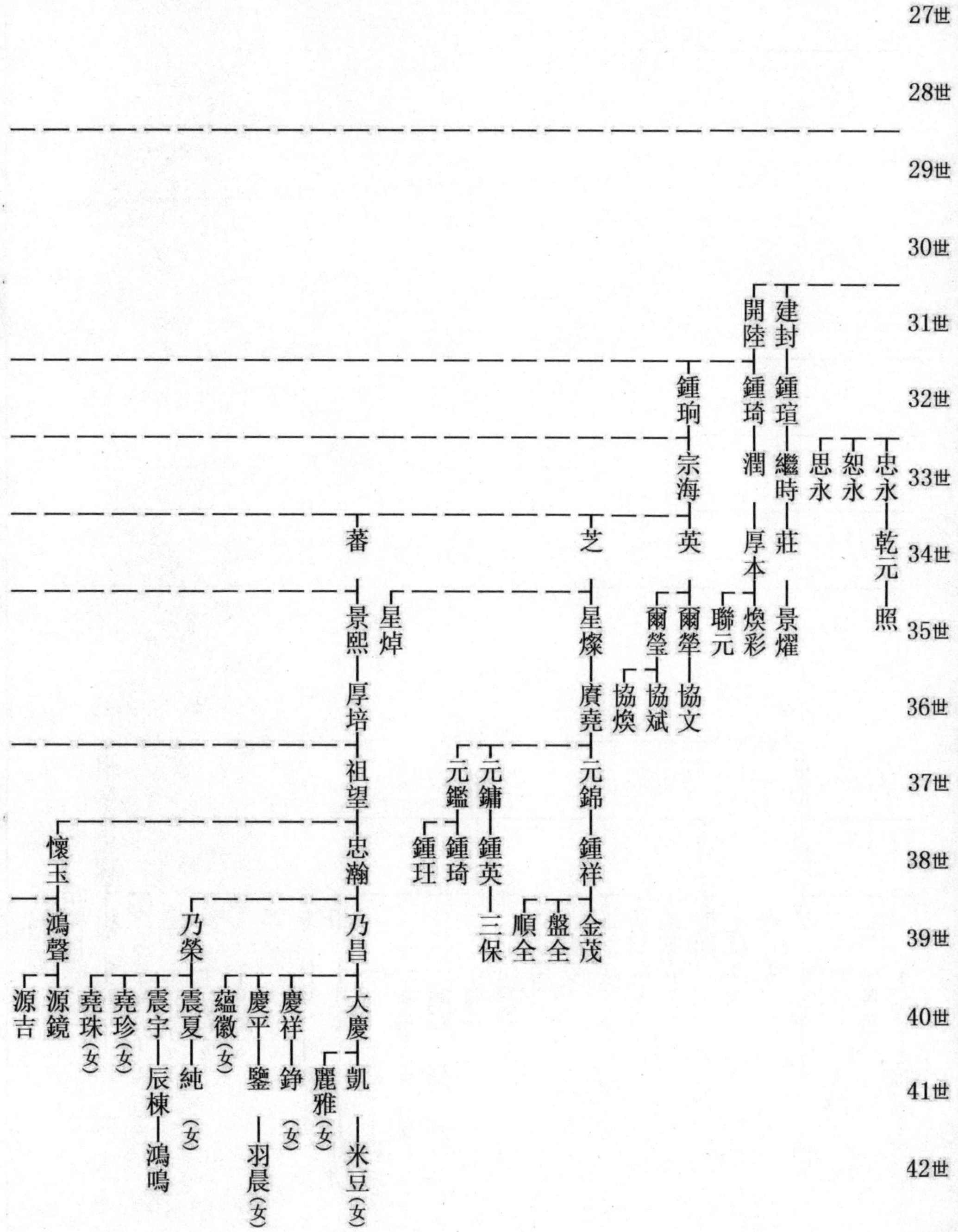
27世
28世
29世
30世
31世
32世
33世
34世
35世
36世
37世
38世
39世
40世
41世
42世
43世
忠永—乾元—照
恕永
思永
建封—鍾瑄—繼時—莊—景燿
開陸—鍾琦—潤—厚本—煥彩
聯元
鍾珣—宗海—英—爾犖—協文
爾瑩—協斌
協煥
芝—星燦—賡堯—元錦—鍾祥—金茂
盤全
順全
元鏞—鍾英—三保
元鑑—鍾琦
鍾玨
星焯
蕃—景熙—厚培—祖望—忠瀚—乃昌—大慶—凱—米豆(女)
麗雅(女)
慶祥—錚(女)
慶平—鑒—羽晨(女)
蘊徽(女)
乃榮—震夏—純(女)
震宇—辰棟—鴻鳴
堯珍(女)
堯珠(女)
懷玉—鴻聲—源鏡
源吉

27世
28世
29世
30世
31世
32世
33世
34世
35世
36世

- 37世 祖辰
  - 38世 忠琛
    - 39世 棏
      - 40世 立瑩
        - 41世 銘(女)
      - 40世 立瑾
        - 41世 菁(女)
      - 40世 立蓮(女)
      - 40世 立新(女)
      - 40世 立敏(女)
    - 39世 霖
    - 39世 森(林華)
      - 41世 琳(女)
    - 39世 相
      - 40世 建華
        - 41世 俊
          - 42世 軒檏
        - 41世 鑫
          - 42世 以琳(女)
      - 40世 新華
        - 41世 敏(女)
      - 40世 頌華
        - 41世 軼(女)
      - 40世 蓉華(女)
      - 40世 月華(女)
  - 39世 鴻壽
  - 39世 鴻陛
- 37世 祖誥
  - 38世 忠潞
    - 39世 式訓(女)
    - 39世 經訓(女)
    - 39世 貽訓(女)
    - 39世 明訓(女)
    - 39世 芝芬(女)
    - 39世 夢熙
    - 39世 曼秋(女)
    - 39世 瑞芹(女)
  - 38世 忠湘
    - 39世 權
      - 40世 振華
        - 41世 羿凡
          - 42世 博文
        - 41世 奕瀾(女)
    - 40世 興華
    - 40世 永華
      - 41世 曉東
        - 42世 晨曦

43世

附 涇里三房世系圖

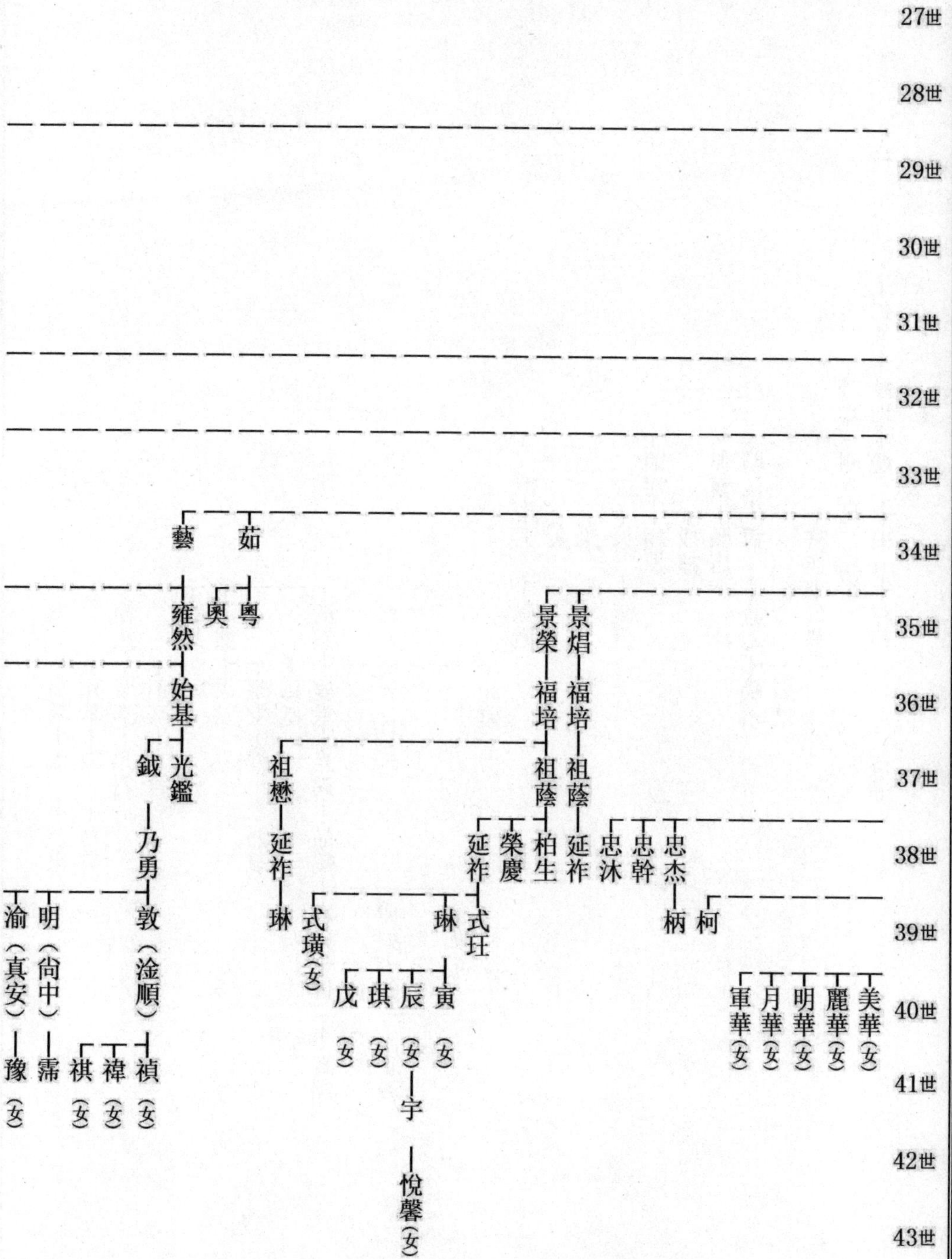
27世
28世
29世
30世
31世
32世
33世
34世
35世
36世
37世
38世
39世
40世
41世
42世
43世
藝
茹
雍然
奥
粵
始基
鉞
光鑑
乃勇
敦（淦順）
禎(女)
禕(女)
祺(女)
明（尚中）
霈
渝（真安）
豫(女)
祖懋
延祚
琳
式璜(女)
琳
寅(女)
辰(女)
宇
悅馨(女)
琪(女)
戊(女)
式玨
延祚
榮慶
柏生
景榮
福培
祖蔭
景焻
福培
祖蔭
延祚
忠沐
忠幹
忠杰
柄
柯
美華(女)
麗華(女)
明華(女)
月華(女)
軍華(女)

27世　28世　29世　30世　31世　32世　33世　34世　35世　36世　37世　38世　39世　40世　41世　42世　43世

- 柱
  - 廷文
    - 仁垓
      - 鍾璁
        - 澐
          - 柏
            - 應春
- 鍾璁（嗣堂兄仁垓後）
  - 晴江
    - 蕙
      - 景泰
        - 德培
        - 繼培
    - 宮桂
      - 景華
  - 倬漢
    - 順唐
  - 圖河
    - 朝棟
    - 成棟
  - 安淮
    - 莫
      - 鳳儀
    - 菼
    - 櫟
    - 楨
      - 鴻度
- 浩然
  - 燮堂
    - 光錫
      - 品鶴
        - 森如
          - 健
            - 真銘
          - 怡（女）
        - 偉如
          - 鈞
            - 正毅
          - 昀（女）
        - 朔如（女）
  - 紀堂
- 道然
  - 翼堂
  - 楚堂
    - 鑅
      - 乃斌
  - 錦堂
- 泰然
- 粹然
  - 肇基
    - 光釗
  - 丕基
    - 光銓
- 昌基
  - 鉞
    - 乃勇
- 邦基
  - 鋮
    - 乃勇
- 敏（女）

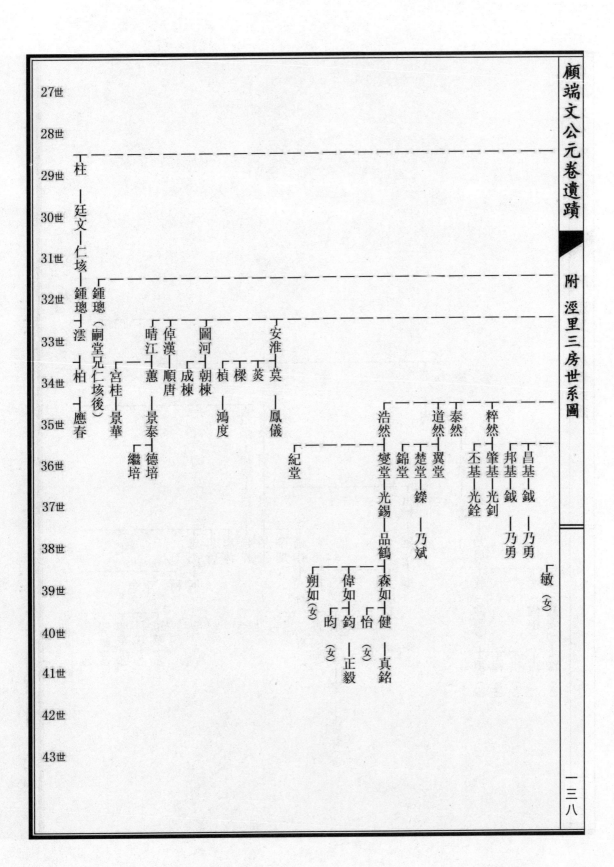

27世 28世 29世 30世 31世 32世 33世 34世 35世 36世 37世 38世 39世 40世 41世 42世 43世

- 濤
  - 榮光
    - 建勳
      - 文秀
    - 錫勳
      - 玉麟
    - 鼎勳
  - 櫆
    - 敬熙
      - 曾培
      - 祖培
  - 模
    - 延熙
      - 啟甲
        - 棟臣
          - 淑禮(女)
          - 淑型(女)
    - 純熙
    - 志熙
      - 振甲
      - 嗣甲
        - 棟臣
- 杏
  - 丙昌
  - 丙泰
- 繼春
- 鴻
  - 本
    - 文煥
      - 宏基
        - 嘉全
          - 金祥
            - 祖根
              - 伯生
                - 力
                  - 應星
                    - 宸溪
                - 紅(女)
              - 南生
              - 福生
                - 覺人(女)
                  - 玉蓮(女)
                - 克人(女)
              - 瑞生
                - 健
                  - 梓元
              - 泉生
                - 正
                  - 彥霖
                  - 芳瑜(女)
              - 玉琴(女)
              - 惠琴(女)
              - 瑞琴(女)
            - 連根
              - 伯農
                - 宏偉
                  - 儀嘉(女)
                - 宏英(女)
              - 耀琴(女)

27世
28世
29世
30世
31世
32世
33世
34世
35世
36世
37世
38世
39世
40世
41世
42世
43世

- 文煜—宏坦—儒葆—金林
  - 湧根—漢明—榮偉—杰
- 梅珍(女)
- 末根—永東—家銘
- 仁福
  - 伯明
    - 一洲
    - 一方(女)
  - 根娣(女)
- 友福
- 金三
  - 伯良
    - 新—瀚文
    - 清—子涵
  - 菊萍(女)
  - 菊秀(女)
- 賡二
  - 文淵—雲鵬
    - 聰
    - 今
  - 文斌
  - 珠芬(女)
  - 燕芬(女)
- 文燦—宏域—葆全—錫安—金大
- 時根
  - 基秋
    - 晨毅—軒豪
    - 晨潔(女)
  - 彬秋—婷婷(女)
  - 駿琦—瑋靚(女)
  - 基駿
  - 琦生—寅君(女)
  - 燕飛(女)
  - 燕娟(女)
  - 素琴(女)
  - 雅琴(女)

27世 28世 29世 30世 31世 32世 33世 34世 35世 36世 37世 38世 39世 40世 41世 42世 43世

棠
- 文照—禎基—根培—鳳梧—茂林
  - 茂椿
  - 茂萱
  - 茂森
  - 鳳岡—鼎元—伶(女)
    - 梅(女)
    - 琴英(女)
    - 玉英(女)
    - 歆琴(女)
    - 瑞英(女)
  - 鳳儀—鼎元
  - 鳳巢—慶聖—軍(女)—曉川(女)
    - 永照—慧(女)
  - 壬培—貞純(仰高)—照南—定海—琦—昕
    - 玉琳(女)
    - 定安—曉陽—天毅 ADRIAN
      - 天樂 AMANDA(女)
      - 皎月(女)
    - 定華(女)
  - 祥基—根寶
- 文煦—宏圭—葆全
- 文烈—宏圭—藝全—金祥—時根—麗英(女)
  - 建萍(女)
  - 月芳(女)

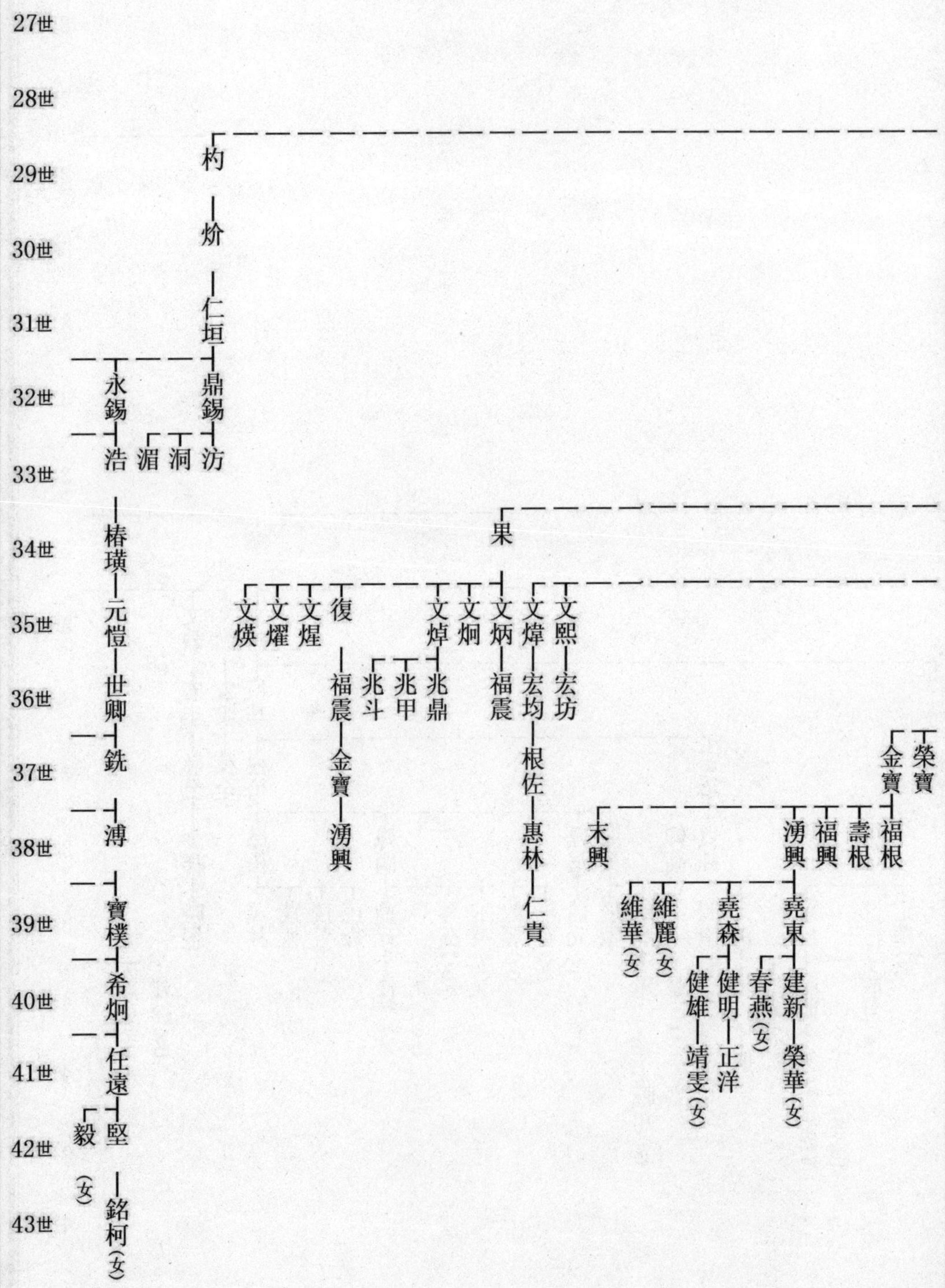
27世
28世
29世
30世
31世
32世
33世
34世
35世
36世
37世
38世
39世
40世
41世
42世
43世
杓
炌
仁垣
鼎錫
永錫
汸
洞
湄
浩
椿璜
元愷
世卿
銑
溥
寶樸
希烱
任遠
堅
毅(女)
銘柯(女)
杲
文熙
宏坊
文煒
宏均
根佐
惠林
仁貴
文炳
福震
文烱
文焯
兆鼎
兆甲
兆斗
復
福震
金寶
湧興
文焜
文燿
文煐
榮寶
金寶
福根
壽根
福興
湧興
堯東
建新
榮華(女)
春燕(女)
堯森
健明
正洋
健雄
靖雯(女)
維麗(女)
維華(女)
末興

27世
28世
29世
30世
31世
32世
33世
34世
35世
36世
37世
38世
39世
40世
41世
42世
43世

鑒遠—旦
(女)
未央(女)
希熯—蘇中—皓—栩禎
蘇華—昌寶—夏天
晨雯(女)
軍—曉婉(女)
平—峰
新婷(女)
群—笑盈(女)
希煜—衛衛—俊勇—洪銘
娟娟(女)
麗麗(女)
寶桐—希燾—鑒塘—遠玫(女)
詠塘—佳
(女)
鳴塘—元凱—曉漫(女)
人潔(女)
申潔(女)
寶梓—石民(女)
大成—衛東—宗琦
衛軍
永梅(女)
大覺
大慧—謙—澳昇
鄉
大益
利六(女)
淵—寶樾—希炎—林—尤—小慈(女)

附 涇里三房世系圖

27世 28世 29世 30世 31世 32世 33世 34世 35世 36世 37世 38世 39世 40世 41世 42世 43世

- 亯錫—洪
- 瀾
  - 榕堡
  - 椿璜—元悌—文卿
    - 鈔—泳
      - 瑞祥
        - 慰慈
        - 樂慈
          - 曉茜(女)
          - 曉彤(女)
        - 懷瑾(女)
        - 懷瑜(女)
        - 懷琦(女)
          - 曉行—玥(女)
          - 曉芳(女)
      - 瑞麟
        - 懋樹
        - 湘霞(女)
        - 筱霞(女)
      - 明
    - 鉦
- 源(更名汶出嗣長房壽培為後)
- 泳(嗣堂弟鈔後)
  - 希燾(嗣弟寶桐後)
  - 希照—志紅—天源
  - 希燮
  - 強—芊(女)
  - 華—欣欣(女)
  - 婷(女)

涇陽十二世孫　梁汾九世孫　定安　敬繪

公元二〇二〇年九月

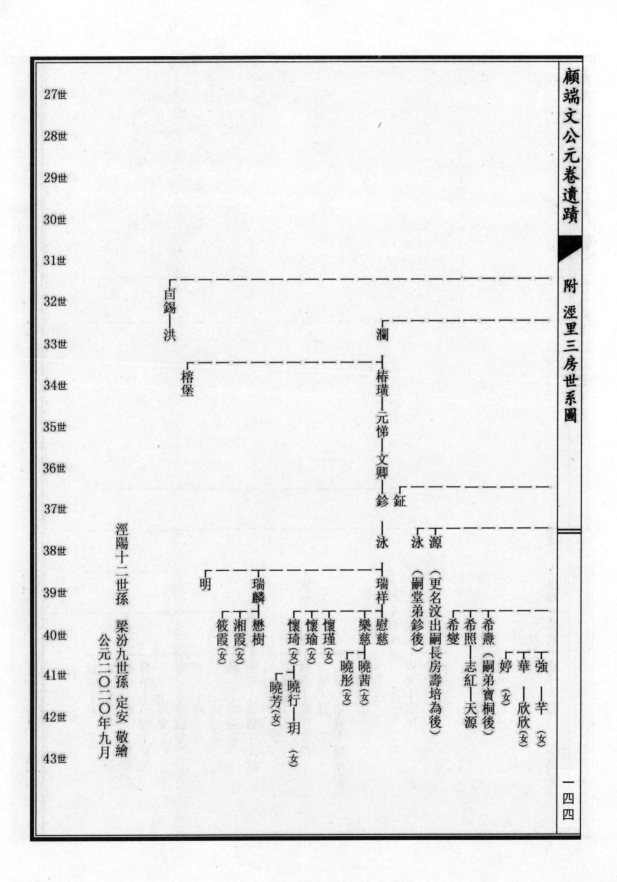